Johannes Thüne

Theologische Konzepte und Religionsausübung in Lessings Schriften

Johannes Thüne

Theologische Konzepte und Religionsausübung in Lessings Schriften

Theologie der Tat, Toleranz und Transzendenz?!

Fromm Verlag

Imprint

Publisher:
Fromm Verlag
is a trademark of
International Book Market Service Ltd., member of OmniScriptum Publishing Group
17 Meldrum Street, Beau Bassin 71504, Mauritius

Printed at: see last page
ISBN: 978-613-8-35942-5

Inhaltsverzeichnis

1. Einleitung **S. 1–4**

1.1. Fragestellung und Aufbau der Arbeit S. 1–3

1.2. Quellen- und Literaturbericht S. 3–4

2. Kontextualisierungen **S. 5–12**

2.1. Lessing und Theologie S. 5–10

2.2. Lessing und Toleranz S. 10–15

3. Theologische Konzepte und Religionsausübung in ausgewählten philosophisch-theologischen Texten **S. 16–22**

3.1. Gedanken über die Herrnhuter S. 16–20

3.2. Gegensätze des Herausgebers zu Reimarus S. 20–23

3.3. Über den Beweis des Geistes und der Kraft S. 23 – 24

3.4. Die Erziehung des Menschengeschlechts S. 25–28

4. Theologische Konzepte und Religionsausübung in Lessings Dramatischen Gedicht *Nathan der Weise* **S. 29–34**

5. Schlusszusammenfassung **S. 35–36**

6. Quellen- und Literaturverzeichnis **S. 37–43**

6.1. Quellenverzeichnis S. 37–38

6.2. Literaturverzeichnis S. 38–43

1. Einleitung

1.1. Fragestellung und Aufbau der Arbeit

„Authentisch wird eine Interpretation erst dann, wenn sie das Dialektische an Lessings Denken beständig gegen ihre eigene Beruhigung wendet, die Reinschrift seines Denkens gefunden zu haben.“[1]

Lässt sich eine Theologie Lessings über das Gesamtwerk seiner Schriften – oder, um es für diese Arbeit handhabbarer zu machen, zumindest über ausgewählte seiner Texte – erarbeiten? Dies ist die Basisfrage, der ich in dieser Arbeit nachgehen werde. Das Einstiegszitat weist schon auf Schwierigkeiten dieser Fragestellung hin und die in Betracht zu ziehende Unmöglichkeit einer Art Destillat seiner Theologie. Der Ausgangspunkt meiner Überlegungen findet sich thesenartig formuliert bereits im Titel: Lessing vertritt eine Theologie der Tat, Toleranz und Transzendenz! Ob diese These anhand der ausgewählten Texte (*Gedanken über die Herrnhuter, Gegensätze des Herausgebers zu Reimarus, Über den Beweis des Geistes und der Kraft, Die Erziehung des Menschengeschlechts* und *Nathan der Weise*) zu halten ist, werde ich im Folgenden untersuchen oder anders: Die These steht zur Diskussion.

Ursprünglich war mein Vorhaben mich ganz auf eine Art Systematik von Lessings Theologie zu konzentrieren. Im Laufe der Beschäftigung mit der Thematik schien mir eine strenge Abgrenzung seiner vorgestellten theologischen Konzepte zur Ausübung der entsprechenden Theologie und Religion jedoch nicht trennscharf, sondern gar kontraproduktiv, da die Praxis (bzw. die Ausübung oder die Tat) meiner Meinung nach eine zu zentrale Rolle in seinem Denken einnimmt,

[1] Gerhard FREUND, *Theologie im Widerspruch. Die Lessing-Goeze-Kontroverse*, Stuttgart, Berlin, Köln: Kohlhammer 1989, S. 28. Oder mit SCHULTZE: „Alle diese Deutungsversuche unterliegen dem hermeneutischen Zirkel: Die Entscheidung darüber, welche Schrift bzw. welches Materialprinzip Ausgangspunkt der Interpretationen sein könne, nimmt deren Ergebnis schon inhaltlich vorweg.“ Harald SCHULTZE, *Lessings Toleranzbegriff. Eine theologische Studie*, Göttingen: Vandenhoeck & Ruprecht 1969 (Forschungen zur systematischen und ökumenischen Theologie, Bd. 20), S. 27.

um diese auszuklammern[2]. Daher fand der Zusatz *und der Religionsausübung* nachträglichen Eingang in den Titel. Aufmerksam möchte ich außerdem darauf machen, dass der Großteil der von mir angesehenen Schriften zwar seinem Spätwerk zuzuordnen ist – die Arbeit sich aber nicht nur mit dem Fragmentenstreit beschäftigt, sondern auch bereits frühe Texte von Lessing in den Blick nimmt.

Nun zum Aufbau meiner Arbeit: Zunächst werde ich einen kurzen Bericht über die verwendeten Quellen und die Forschungsliteratur geben. Der eigentlichen Quellenarbeit stelle ich anschließend zwei kontextualisierende Kapitel voran: Ersteres beschäftigt sich mit der Thematik Lessing und Theologie, das Zweite mit Lessing und Toleranz. Nach diesen Kontextualisierungen, die dem Verständnis der Quellenarbeit dienen, untersuche ich theologische Konzepte und Darstellungen der Religionsausübung in folgenden vier philosophisch-theologischen Schriften Lessings: *Gedanken über die Herrnhuter, Gegensätze des Herausgebers zu Reimarus, Über den Beweis des Geistes und der Kraft* und *Die Erziehung des Menschengeschlechts* – anschließend folgt ein Kapitel zum gleichen Untersuchungsgegenstand für das Dramatische Gedicht *Nathan der Weise*. Die Quellenarbeit stellt keine intensive Analyse der entsprechenden Schriften dar – vielmehr wird jede Schrift nur sehr kurz kontextualisiert und ausschließlich mit dem Fokus auf theologische und religionspraktische Aussagen dargestellt. Die Form, in der dies geschieht, gibt den Zitaten aus den Quelltexten einen großen Raum. Auf diesen soll der Fokus der Quellenarbeit liegen, sodass diese eingebettet sind in recht kurze Kommentierungen durch mich. Am Ende des

[2] Mit VOLLHARDT gesprochen: „vom Inhalt zur Form der Aneignung, von der Theorie zur Praxis, [...] vom Streit zum Wettstreit der Religionen, vom Ausschließlichkeitsanspruch zur Toleranz." Friedrich VOLLHARDT, *Gotthold Ephraim Lessing und die Toleranzdebatten der Frühen Neuzeit*, in: ders., Oliver Bach und Michael Multhammer (Hgg.), Toleranzdiskurse in der Frühen Neuzeit, Berlin, Boston: De Gruyter 2015 (Studien und Dokumente zur Deutschen Literatur und Kultur im europäischen Kontext, Bd. 198), S. 413.

Kapitels zu *Nathan der Weise* gebe ich ein kurzes Resümee, bevor ich zu den Schlusszusammenfassungen komme.

1.2. Quellen- und Literaturbericht

Wie bereits in der Einleitung erwähnt stehen folgende Quelltexte Lessings im Zentrum der Arbeit: *Gedanken über die Herrnhuter, Gegensätze des Herausgebers zu Reimarus, Über den Beweis des Geistes und der Kraft, Die Erziehung des Menschengeschlechts* und *Nathan der Weise.* Darüber hinaus verweise ich an einzelnen Stellen auf weitere Quelltexte (die im Einzelnen dem Quellenverzeichnis zu entnehmen sind) – beispielsweise den *Briefwechsel über das Trauerspiel* oder seine Schrift *Ernst und Falk. Gespräche über Freimäurer* – die jedoch nur als zusätzliche Verweise im Suchen nach einer Art Destillat von Lessings Denken dienen sollen. Zitiert sind sämtliche Quelltexte nach folgender Edition:

Gotthold Ephraim Lessing. Werke und Briefe in zwölf Bänden, Herausgegeben von Wilfried Barner, zusammen mit Klaus Bohnen, Gunther E. Grimm, Helmuth Kiesel, Arno Schilson, Jürgen Stenzel und Conrad Wiedemann, im Folgenden abgekürzt mit WUB.

In der *allgemeinen Forschungsliteratur zu Lessing* gibt es meiner Ansicht nach verschiedene gelungene Darstellungen: Eine ausführliche Biografie zu Lessing findet sich bei NISBET, wohingegen VOLLHARDT eine vergleichsweise knappe Betrachtung bietet. Weitere gelungene Abhandlungen der allgemeinen Lessing-Literatur bieten FICK und STOCKHORST.

Die verwendete Forschungsliteratur in meiner Arbeit hat zwei Schwerpunkte, entsprechend der beiden Kapitel der Kontextualisierungen. In der Forschungsliteratur zu *Lessing und Theologie* möchte ich insbesondere SCHILSON hervorheben, der in der Masse an Literatur im Besonderen heraussticht, da er auf die Bedeutung der Form von Lessings Auseinandersetzung aufmerksam macht, die ich ebenfalls für sehr bedeutsam halte. Einen guten, kurzen Überblick (aus jüngerer Zeit) gibt meiner Ansicht nach BEUTEL, der insbesondere auf die Problematik einer Systematik-Suche in Lessings Schriften hinweist. Ebenfalls aus der jüngeren Literatur hervorzuheben ist WIECKENBERG, der jedoch – anders als ich in dieser Arbeit – eine strenge Abgrenzung zwischen Theologie und Religion(-sausübung) bei Lessing vertritt. Außerdem möchte ich noch auf FREUND hinweisen, der in seiner Habilitationsschrift aus den 1980er Jahren einen guten, anschaulichen Überblick über die Schwierigkeit einer Einordnung Lessings in eine theologische Gruppierung bietet. In diesem Themenfeld, insbesondere in Bezug auf die Form, könnte sich auch eine gemeinsame Betrachtung von Lessing und RICOEUR als gewinnbringend erweisen – die hier aber nur als Ausblick angedacht wird.

Für das Themenfeld *Lessing und Toleranz* möchte ich insbesondere die These von SURALL hervorheben, der in seiner Dissertation Lessings Toleranzmodell als eine Toleranz darstellt, die nach einer ultimativen Gemeinsamkeit sucht (einem genus proximum) und diese im Menschsein findet. (Eine gelungene und knappe Darstellung der Problematik einer solchen Toleranz findet sich bei RÜSEN.) Eine kurze und gelungene Darstellung zu Lessing und Toleranz aus jüngerer Zeit bietet VOLLHARDT.

2. Kontextualisierungen

2.1. Lessing und Theologie

„[S]eine philosophischen und theologischen Kämpfe sind uns wichtiger als seine Dramaturgie und seine Dramata."[3]

Lessing wird 1729 im protestantischen Pfarrhaus in Kamenz (in der Lausitz) geboren[4] und erwirbt biblische und kirchengeschichtliche Grundlagen in seiner Kindheit und Jugend durch seinen Vater und die Meißener Fürstenschule[5]. Als Siebzehnjähriger hat er sich als Stipendiat der Stadt Kamenz[6] „als Student der Theologie in Leipzig immatrikulieren lassen."[7] Von der Theologie wechselte er jedoch im April 1748 zum Studium der Medizin und der Philologie[8]. Dennoch beschäftigt er sich bis zum Ende seines Lebens immer wieder mit theologischer Literatur und theologischen Fragestellungen[9] – deren Relevanz vor allem im letzten Lebensjahrzehnt deutlich erkennbar wird[10]. Diese zunächst als Widerspruch erscheinende Kombination[11] – Abbruch des Theologiestudiums und lebenslanges Interesse an theologischen Fragestellungen – wurzelt für mich in mindestens zwei Motiven: Einerseits wollte Lessing unabhängig bleiben und

---

[3] Heinrich HEINE, *Zur Geschichte der Religion und Philosophie in Deutschland*, Köln: e-artnow 2017, S. 51.
[4] Vgl. Monika FICK, *Lessing Handbuch. Leben – Werk – Wirkung*, Stuttgart, Weimar: J. B. Metzler [3]2010, S. 538; Vgl. Friedrich VOLLHARDT, *Gotthold Ephraim Lessing*, München: C. H. Beck 2016, S. 10.
[5] Karl Heinrich RENGSTORF, *Lessings Ansatz in seiner theologischen Arbeit*, in: ders. und Karlfried Gründer (Hgg.), Religionskritik und Religiosität in der deutschen Aufklärung, Heidelberg: Lambert Schneider 1989, S. 101f.
[6] Stefanie STOCKHORST, *Einführung in das Werk Gotthold Ephraim Lessings*, Darmstadt: WBG 2011, S. 17.
[7] RENGSTORF, *Lessings Ansatz*, S. 101.
[8] Vgl. Ebd.
[9] Vgl. Ebd. S. 102; Vgl. Heidi BEUTIN, *„Das Ding, was man Ketzer nennt, hat eine sehr gute Seite. Es ist ein Mensch, der mit seinen eigenen Augen wenigstens (hat) sehen wollen." – Lessing und der Neuprotestantismus, Teil 1*, in: Gerd Biegel u.a. (Hgg.), „Liebhaber der Theologie". Gotthold Ephraim Lessing – Philosoph – Historiker der Religion, Frankfurt a. M.: Peter Lang 2012 (Braunschweiger Beiträge zur Kulturgeschichte, Bd. 3), S. 37.
[10] Vgl. Albrecht BEUTEL, *Spurensicherung. Studien zur Identitätsgeschichte des Protestantismus*, Tübingen: Mohr Siebeck 2013, S. 149; Vgl. RENGSTORF, *Lessings Ansatz*, S. 102f.
[11] Auch wenn FREUND formuliert: „Warum sollte Lessing nicht zugleich von der Theologie Abschied genommen haben und dennoch ihr intimer Liebhaber geblieben sein?" FREUND, *Theologie im Widerspruch*, S. 27.

nicht institutionell eingebunden[12]. Zum anderen war seine Liebhaberei an der Theologie wohl kein Spezialinteresse, „sondern erklärt sich aus seinem universalen Interesse.“[13] – nimmt aber meiner Meinung nach durch die Verbindung des Religiösen mit der Ethik eine besondere Stellung ein[14]. Dieser Beschäftigung mit dem moralischen Handeln kommt in der Aufklärung eine zentrale Funktion zu. So formuliert Peter-André ALT in seiner Einführung zur Aufklärung, dass diese sich als Erziehung des Menschen verstehe[15]. Entsprechend nimmt eine ethische Forderung[16] auch eine zentrale Stellung in der „‚Predigt‘ der Ringparabel“[17] ein.

Lessing jedoch in eine theologische Gruppierung einzuordnen ist ein – vorsichtig formuliert – sehr schwieriges Unterfangen[18]. So finden sich bei ihm „Indizien einer neologischen Erprobungsphase“[19], deistische und sozianische

---

[12] So formuliert Albrecht BEUTEL: „Sein viel zitiertes Wort, er sei bloß ‚Liebhaber der Theologie und nicht Theolog‘, verweist ebenso auf die institutionelle Ungebundenheit wie auf den dialogisch-situativen Charakter seiner Reflexion.“ BEUTEL, *Spurensicherung*, S. 149; Vgl. außerdem RENGSTORF, *Lessings Ansatz*, S. 102.

[13] BEUTIN, *Neuprotestantismus*, S. 38.

[14] So formuliert Paweł PISZCATOWSKI gar, dass Lessing außerhalb des Religiösen kein ethisches System gefunden habe. Vgl. Paweł PISZCATOWSKI, *Offenbarung, Vernunft und 'neues Evangelium' – Zur theologischen Problematik in Lessings Spätschriften*, in: Studia Niemcoznawczw 28 (2004), S. 721. RENGSTORF benennt Lessings Menschenbild als primäres Motiv seiner theologischen Arbeit. Vgl. RENGSTORF, *Lessings Ansatz*, S. 108.

[15] Vgl. Peter-André ALT, *Aufklärung. Lehrbuch Germanistik*, Stuttgart, Weimar: J. B. Metzler [3]2007, S. 11.
Neben dem Erziehungsanspruch benennt ALT die Vernunftorientierung, die Neuformulierung wissenschaftlicher Erkenntnisabsichten und die Säkularisierung als Leitmotive wissenschaftlichen Denkens der Aufklärung. Vgl. Ebd., S. 11–13. Ebenfalls ganz im Sinne der Aufklärung steht Lessings Appell an das Selbstdenken. Vgl. Arno SCHILSON, *„... auf meiner alten Kanzel, dem Theater“. Über Religion und Theater bei Gotthold Ephraim Lessing*, Göttingen: Wallenstein Verlag 1997 (Kleine Schriften zur Aufklärung Bd. 9), S. 5.

[16] „Es eifre jeder seiner unbestochnen [sic.] / Von Vorurteilen freien Liebe nach! / Es strebe von euch jeder um die Wette, / Die Kraft des Steins in seinem Ring‘ an den Tag / Zu legen! komme dieser Kraft mit Sanftmut, / Mit herzlicher Verträglichkeit, mit Wohltun, / Mit innigster Ergebenheit in Gott, / Zu Hülf‘ [sic.]!“ Gotthold Ephraim LESSING, *Nathan der Weise*, in: WUB IX, Frankfurt a. M.: Deutscher Klassiker Verlag 1993, S. 559.

[17] BEUTEL, *Spurensicherung*, S. 151.

[18] So formuliert SCHILSON in seiner sehr gelungenen Darstellung *Lessings Christentum*: „Lessings Bestreben geht vielmehr auf eine gewisse Art von ‚Aufklärung über die Aufklärung‘. Darum verweigert sich sein Denken jeder Einordnung in vorgegebene Schemata und Klischees“. Arno SCHILSON, *Lessings Christentum*, Göttingen: Vandenhoeck & Ruprecht 1980 (Kleine Vandenhoeck Reihe 1463), S. 15. Siehe auch S. 83f.

[19] BEUTEL, *Spurensicherung*, S. 154.

Einflüsse[20], Verteidigung, Wertschätzung, vielleicht gar Freundschaft zu bestehenden Offenbarungsreligionen und lutherisch-orthodoxer Theologie[21]. „Ob Vater des Neuprotestantismus und des theologischen Rationalismus oder religiös existierender Denker im Sinne Kierkegaards, Lessing ist das alles und doch distinkt davon unterschieden."[22] Lessing weist jeden dogmatischen Anspruch von sich – sei nicht an einer systematischen Theologie interessiert[23]. Deutlich macht dies auch der Blick in die Forschungsliteratur:

> „Was er [Lessing] zum Ausdruck brachte, entsprang nicht systematisch durchgeformter Positionalität, sondern artikulierte einen rhapsodischen Reflex auf konkrete Provokationen. [...] Nun ist es zwar, wie gezeigt, durchaus möglich, für einzelne Schriften und Voten eine distinkte theologische Positionierung auszuarbeiten. Gleichwohl wäre das Bestreben, in der Zusammenschau solcher Teile ein konsistentes Grundsystem konstruieren zu wollen, nicht allein hoffnungslos, sondern bereits in seinem Ansatz von Grund auf verfehlt, weil dabei die Form seines Denkens in ihrer konstitutiven materialen Relevanz unterschätzt, ja gänzlich verkannt werden würde."[24]

> „Eines hatte der Dramaturg jedenfalls erreicht – die seinen Tod überlebende Unkenntlichkeit seiner theologischen Option [...]. Das einzige, das man wohl festhalten darf, ist daß [sic.] Lessing die Infragestellung eines Systems zum System gemacht hat."[25]

---

[20] Vgl. Ebd. S. 150.

[21] Vgl. Silke KUBIK, *Religion für Aufgeklärte – Lessings Vorstellungen einer humanen Religion*, in: Toni Tholen, Burkhard Moenninghoff, Wiebke von Bernstorff (Hgg.), Literatur und Religion, Hildesheim: Universitätsverlag Hildesheim 2012 (Hildesheimer Universitätsschriften 25), S. 36; Vgl. RENGSTORF, *Lessings Ansatz*, S. 105.

[22] FREUND, *Theologie im Widerspruch*, S. 27. Oder anders ausgedrückt: „Lessing clearly distanced himself from all of these important branches of contemporary theology and practical religion; and he cannot be easily subsumed under any of them without contradiction or discontinuity." Arno SCHILSON, *Lessing and Theology*, in: Barbara Fischer und Thomas C. Fox (Hgg.), A Companion to the works of Gotthold Ephraim Lessing, Rochester und Suffolk: Camden House 2005, S. 163. Zur Vielfalt der Einflüsse siehe insbesondere FREUND, der drei größere Auslegungstypen in der Forschungsliteratur ausmacht: (1) fortgeschrittener Theologe, Künder einer universalen Menschheitsreligion, (2) sokratischer Lutheraner, (3) spekulativer Identitätsphilosoph. FREUND, *Theologie im Widerspruch*, S. 14–30. Siehe auch SCHILSON, *Lessings Christentum*, S. 7.

[23] „Besser verständlich wird diese Haltung, wenn man sich klar macht, dass Lessing mehr am Diskurs – also an der intellektuellen Auseinandersetzung – als an der Entwicklung eines schlüssigen Systems interessiert war." KUBIK, *Religion für Aufgeklärte*, S. 36.; FREUND sieht in den theologisch-philosophischen Traktaten Lessings eine „dezidiert antisystematische, gegen geronnene Positionen gerichtete Mobilität". FREUND, *Theologie im Widerspruch*, S. 21. Siehe auch Werner JUNG, *Lessing. Zur Einführung*, Hamburg: Junius Verlag 2001, S. 121 und SCHULTZE, *Lessings Toleranzbegriff*, S. 38.

[24] BEUTEL, *Spurensicherung*, S. 149, 163.

[25] FREUND, *Theologie im Widerspruch*, S. 23, 27.

Dennoch verweist die Forschungsliteratur auch darauf, dass Lessing sich in bestimmten Positionen treu bleibe: In seinem Streben nach Entdogmatisierung[26], der geschichtlichen Bedeutung von Offenbarung[27] und im Widerspruch[28] bzw. in der Kritik an der Theologie[29] seien demnach Konstanten in seinem Denken zu erkennen. Kurzum: Lessing und die Theologie der Aufklärung bezeichnet BEUTEL als „intrikate[s] Verhältnis“[30].

Abschließend in diesem Kapitel möchte ich nun auf die Form eingehen. Lessing verfasst einige philosophisch-theologische Schriften – doch auch hier wird ihm vorgeworfen in Gleichnissen und Bildern zu schreiben, zu schreiben wie ein Dichter oder Erzähler und nicht in einer deskriptiven Sprache der Wissenschaft[31]. So verwundert es kaum, dass sein dramatisches Gedicht *Nathan der Weise* von Friedrich SCHLEGEL als ‚Fortsetzung vom ‚Anti-Goeze‘, Numero zwölf‘ bezeichnet wird[32]. Ich denke, dass diese Form bereits einiges über seine Theologie aussagt und beispielsweise sein Streben nach Entdogmatisierung bzw.

---

[26] Vgl. Wolf-Dieter HAUSCHILD, *Lehrbuch der Kirchen- und Dogmengeschichte. Bd. 2 Reformation und Neuzeit*, Gütersloh: Chr. Kaiser/Gütersloher Verlagshaus 1999, S. 472; Vgl. Michael HOFMANN, *Die Religion des späten Lessing und die aktuelle Renaissance einer undogmatischen Religiosität*, in: ders. und Carsten Zelle (Hgg.), Aufklärung und Religion. Neue Perspektiven, Hannover: Wehrhahn Verlag 2010 (Bochumer Quellen und Forschungen zum 18. Jahrhundert, Bd. 1), S. 103, 108; Vgl. Ernst-Peter WIECKENBERG, *Wahrheit und Rhetorik. Lessings Theologiekritik im Fragmentstreit*, in: Christoph Bultmann und Friedrich Vollhardt (Hgg.), Gotthold Ephraim Lessings Religionsphilosophie im Kontext. Hamburger Fragmente und Wolfenbütteler Axiomata, Berlin, New York: De Gruyter 2011 (Frühe Neuzeit. Studien und Dokumente zur Deutschen Literatur und Kultur im europäischen Kontext 159), S. 271, 273; Auch das Streben nach Entdogmatisierung entspricht dem Aufklärungsgedanken: „Die deutsche Aufklärung […] übernahm wesentliche Momente der französischen Religionskritik, die sich gegen Fanatismus und Dogmatismus richtete“. Michael HOFMANN, Carsten ZELLE, *Einleitung: Aufklärung und Religion – Neue Perspektiven*, in: dies. (Hgg.), Aufklärung und Religion. Neue Perspektiven, Hannover: Wehrhahn Verlag 2010 (Bochumer Quellen und Forschungen zum 18. Jahrhundert, Bd. 1), S. 11.

[27] Vgl. RENGSTORF, *Lessings Ansatz*, S. 104.

[28] „Wenn überhaupt, dann ist Lessing im Widerspruch identisch.“ FREUND, *Theologie im Widerspruch*, S. 27.

[29] „Beide Texte aber lassen erkennen, daß [sic.] Lessing über die Jahre hinweg eine Denkrichtung beibehält: Er betreibt keine wie immer geartete Apologie, sondern eine Kritik der Theologie.“ WIECKENBERG, *Theologiekritik*, S. 262f. Siehe auch SCHILSON, *Lessings Christentum*, S. 10.

[30] BEUTEL, *Spurensicherung*, S. 151.

[31] Vgl. SCHILSON, *Über Religion und Theater*, S. 8f.

[32] Vgl. BEUTEL, *Spurensicherung*, S. 151.

Umdeutung von Dogmatisierung verdeutlicht. Auf die Bedeutung der Form, in der die Theologie verfasst wird, weist insbesondere SCHILSON hin:

„Die Form, in der dies geschieht, ist, wie schon angedeutet, mehr als bezeichnend und verdient besondere Beachtung. Nicht in philosophischer Argumentation oder in strikt theologischem Beweisgang, nicht in dogmatischer Wahrheitsbehauptung und aus der Gewißheit [sic.] eines unverbrüchlichen Glaubens heraus formuliert Lessing seine Botschaft. Verschlüsselt und andeutend, tastend und suchend präsentiert sich seine Predigt auf dem Theater. [...] ‚Nur in der Kunstform der poetisch-theatralischen Darstellung, nur ‚in der dramatischen Form' (... kann) anschaulich gegeben sein, was als komplexes Ganzes, als umfassende Weltsicht vorgestellt wird.' [...] Eine ‚poetische Wahrheit', dargeboten in parabolischen Bildworten und Zeichen, eine ‚parabolische Ästhetizität' also ist es, der Lessing in seinem dramatischen Gedicht Nathan der Weise Ausdruck verleiht. Nur so kann er sein ‚Wähnen über Gott' und Religion adäquat artikulieren."[33]

Mein Eindruck ist, dass bei all der Fülle an Forschungsliteratur zu Lessing und der Theologie die Bedeutung der Form für diese Theologie zu kurz kommt. Zwar wird häufiger darauf verwiesen, dass insbesondere Goeze Kritik übt an der Art wie Lessing wissenschaftliche Texte verfasst (sprachliche Bilder, Gleichnisse, Mehrdeutigkeiten) – jedoch wird aus diesem Befund meist kein Zusammenhang hergestellt zu der Theologie, die er darlegt. Für mich ist diese Form, die bewusst Eindeutigkeiten vermeidet und stattdessen eine gewisse Offenheit in der Deutung zulässt, Ausdruck einer Theologie, die wegstrebt von einem starken Dogma und einem Lehramt, dass sehr enggefasste Aussagen tätigt und stattdessen den einzelnen Gläubigen stark macht und mehr Verantwortung zumisst. Dazu passt auch, dass Lessing die theologische Kontroverse mit Goeze nicht nur vor theologischem Publikum (auf Latein), sondern einer breiten Öffentlichkeit (auf Deutsch) führen wollte[34]. Diese Spur (der Bedeutung der Form) weiterzuverfolgen halte ich für vielversprechend. Hier kann auch Paul Ricoeur ins

---

[33] SCHILSON, *Über Religion und Theater*, S. 11.

[34] Ebd. S. 5. „Der Streit um die Öffentlichkeit und die Veröffentlichungssprache, den Lessing mit der inhaltlichen Diskussion der Fragmente verbindet, ist deshalb nicht akzidentell, sondern diese Publikumskonzeption bildet das Kernstück des Versuchs, durch den Streit um die Wahrheit der Religion eine Reflexion der Leser auf ihre Praxis in der Geschichte zu initiieren und möglicherweise eine Änderung dieser Praxis zu bewirken." Wolfgang KRÖGER, *Das Publikum als Richter. Lessing und die ‚kleineren Respondenten' im Fragmentenstreit*, Nendeln: KTO Press 1979 (Wolfenbütteler Forschungen, Bd. 5), S. 117.

Blickfeld genommen werden, der sich ebenfalls als Gegner der Ebene des Lehramtes positioniert[35] und als Freund der poetischen Sprache[36].

2.2. Lessing und Toleranz

„Lessing steht für Toleranz.“[37]

Im vorherigen Kapitel habe ich versucht deutlich zu machen, dass Lessing nach Entdogmatisierung strebt. Heinrich BORNKAMM formuliert dazu passend in Bezug auf das Thema Toleranz: „Da der Weg zu ihr [der Toleranz] vom Glauben her [...] nicht gefunden wurde, war sie aus der Skepsis gegenüber dem Dogma erwachsen.“[38] Und LIMBACH formuliert, dass die Toleranz jeden Dogmatismus verbiete und stattdessen wechselseitige Anerkennung erfordere, hinsichtlich zuwiderlaufender Meinungen, Verhaltensweisen und Lebensentwürfe[39]. Dies geht über die etymologische Bedeutung hinaus: Das Wort Toleranz ist der lateinischen Sprache entlehnt – *tolerare* bedeutet erdulden, ertragen, aushalten[40]. Ihre ursprüngliche Bedeutung als individuelle Tapferkeit im Ertragen von Übeln habe anfangs keine Bezüge zu einer religiösen Problematik aufgewiesen[41]. Erst im Zeitalter der Aufklärung wurde Toleranz

> „zu einem positiv besetzten Begriff, der im Sinne einer Forderung nach Religions- und Gedankenfreiheit gegenüber der Repression durch staatlich-kirchliche Autoritäten gebraucht wurde. Grundlage hierfür waren die neu entdeckten Freiheitsrechte des Individuums und das

---

[35] Vgl. Paul RICOEUR, *An den Grenzen der Hermeneutik. Philosophische Reflexionen über die Religion*, Herausgegeben, übersetzt und mit einem Nachwort versehen von Veronika Hoffmann, Freiburg, München: Verlag Karl Alber 2008, S. 42.

[36] „Es ist meine tiefste Überzeugung, dass allein die poetische Sprache uns eine Zugehörigkeit zu einer Ordnung der Dinge wiedergibt, die unserer Fähigkeit vorausliegt, uns diese Dinge entgegenzusetzen als Objekte, die einem Subjekt gegenüberstehen.“ Ebd. S. 67.

[37] Jörn RÜSEN, *„Die Erziehung des Menschengeschlechts“ – ein Rückblick in die Zukunft der Vergangenheit*, in: Helwig Schmidt-Glintzer (Hg.), Aufklärung im 21. Jahrhundert, Wiesbaden: Harrossowitz Verlag 2004 (Wolfenbütteler Hefte, Heft 18), S. 68.

[38] Heinrich BORNKAMM, Art. *„Toleranz II. In der Geschichte des Christentums“*, in: Kurt Galling (Hg.), RGG, Bd. 6, Tübingen [3]1962, Sp. 943.

[39] Vgl. Jutta LIMBACH, *Das Gebot der Toleranz*, in: Helwig Schmidt-Glintzer (Hg.), Aufklärung im 21. Jahrhundert, Wiesbaden: Harrossowitz Verlag 2004 (Wolfenbütteler Hefte, Heft 18), S. 94.

[40] Vgl. LIMBACH, *Das Gebot der Toleranz*, S. 94; Vgl. KESSLER, *Lessings Verständnis von Toleranz im Dialog der Religionen*, S. 100.

[41] Vgl. Frank SURALL, *Juden und Christen. Toleranz in neuer Perspektive. Der Denkweg Franz Rosenzweigs in seinen Bezügen zu Lessing, Harnack, Baeck und Rosenstock-Huessy*, Gütersloh: Chr. Kaiser 2003 (zugl. Diss.), S. 14. Zur Begriffsgeschichte s. Ebd. S. 14–23.

von Immanuel Kant formulierte Autonomieprinzip, das zu einem Formalprinzip der Toleranz wurde[42]. Überzeugungen des Individuums seien als solche zu tolerieren, auch wenn ihre Inhalte von kirchlichen Lehrmeinungen abwichen. Humane Toleranz war nun nicht länger wie noch bei Luther Mittel zum Zweck, sondern galt uneingeschränkt als Menschenrecht."[43]

Dieser Verweis auf die Humanität führt meiner Ansicht nach ins Zentrum des Toleranzdenkens Lessings: So geht es ihm darum Toleranz inhaltlich zu verstehen – d.h. in einer Form, die nach einem gemeinsamen genus proximum sucht – also einem nächsthöheren Gattungsbegriff – um auf diesem eine Verständigung zu ermöglichen[44]. Dieses ultimative Genus bildet das Menschsein, also die Humanität[45].

Im Folgenden versuche ich die Besonderheit der Toleranzthematik im Feld des Glaubens zu veranschaulichen: Glaubensgemeinschaften gehen davon aus, dass sie einen Weg aufzeigen, der zum Heil bzw. der Erlösung führen können. Wenn das Heil nun jedoch an Kategorien festgemacht wird wie der Zugehörigkeit zu einer bestimmten Glaubensgemeinschaft (*Extra ecclesiam nulla salus.* – Außerhalb der Kirche kein Heil.) oder dem Bekenntnis zu Jesus als dem Christus bleibt jenen, die diese Kategorien nicht erfüllen, das Heil verwehrt. Von solch einem Denken kommend[46] scheint es geboten jene, die sich außerhalb befinden, zu missionieren, um ihnen das Heil zu ermöglichen[47]. Das Wort *extra* – also außerhalb – verweist bereits auf eine Differenz, die in diesem Kontext automatisch negativ besetzt ist. Wird religiöse Differenz jedoch ausschließlich negativ verstanden, so kann religiöse Toleranz maximal im etymologischen Sinne ausgeübt werden und auch dann nur, weil es beispielsweise politische Gründe

[42] Problematisch anzumerken ist hierbei, dass Immanuel Kant eher den Schlusspunkt der üblichen Perspektive auf Aufklärung bildet.
[43] SURALL, *Toleranz in neuer Perspektive*, S. 19.
[44] Vgl. Ebd. S. 70f.
[45] Beispielhaft dazu: Gotthold Ephraim LESSING, *Ernst und Falk. Gespräche über Freimäurer*, in: WUB X, Frankfurt a. M.: Deutscher Klassiker Verlag 2001, S. 28. Siehe auch: STOCKHORST, *Einführung*, S. 113, 116 und 120 und SCHILSON, *Lessings Christentum*, S. 47, 83, 86, 89. FRITSCH formuliert prägnant: „Lessings Humanität einforderndes Drama ‚Nathan der Weise'." Matthias J. FRITSCH, *Religiöse Toleranz im Zeitalter der Aufklärung. Naturrechtliche Begründung – konfessionelle Differenzen*, Hamburg: Felix Meiner Verlag 2004 (Studien zum achtzehnten Jahrhundert 28), S. 84 (Fußnote 11).
[46] RÜSEN bezeichnet es als „Ausrichtung des Glaubens mit exklusiven Universalitätsansprüchen". RÜSEN, *„Die Erziehung des Menschengeschlechts"*, S. 70.
[47] Vgl. auch LESSING, *Nathan der Weise*, S. 617.

dafür geben kann. Eine wechselseitige Anerkennung und Wertschätzung ist auf dieser Grundlage nicht möglich[48]. Daher kann die Frage gestellt werden, ob über den Glauben überhaupt ein Zugang zur Toleranz möglich ist. Ich denke, dass dies der Fall ist, wenn ein Glaubensverständnis vorliegt, dass den Zugang zum Heil nicht exklusiv an entsprechenden Kategorien festmacht. Verweisen möchte ich an dieser Stelle auf den Text von Johannes VON LÜPKE, der diese Frage ebenfalls mit einem ja beantwortet[49]. Als ein weiterer Beleg dafür kann beispielsweise auf das Dokument *Nostra aetate* verwiesen werden.

Nun wieder konkret zu Lessing: Bei einer Beschäftigung zum Thema Lessing und Toleranz fällt auf, dass er den Begriff der Toleranz lediglich zweimal verwendet[50]. Daher ist KESSLER zuzustimmen, der formuliert:

> „Die Schwierigkeit einer jeden Positionsbestimmung von Lessing innerhalb der ‚Horizonte' und ‚Grenzen' seines Toleranzverständnisses gründen [...] [unter anderem] darin, dass das Wort ‚Toleranz' in einem quellenbedingt höheren Maße eine Deutungskategorie des Interpreten als ein Begriff von Lessing ist."[51]

Dennoch scheint das Thema der Toleranz eine zentrale Stellung in Lessings Denken einzunehmen[52]. Eine besondere Bedeutung erhält dabei innerhalb der Rezeptionsgeschichte die Ringparabel[53]. Diese wird jedoch in Bezug auf die

---

[48] Im Gegenteil: Scheint von diesem Verständnis kommend die Monotheismus-These Assmanns doch sehr einleuchtend.

[49] Vgl. Johannes VON LÜPKE, *Tugend des Glaubens, der Hoffnung und der Liebe. Lessings Toleranzverständnis im Kontext der Aufklärung*, in: Andrea Bieler, Henning Wrogemann (Hgg.), Was heißt hier Toleranz? Interdisziplinäre Zugänge, Neukirchen-Vluyn 2014 (Veröffentlichungen der Kirchlichen Hochschule Wuppertal/Bethel Bd. 15), S. 26–50 (v. a. ab S. 37).

[50] Vgl. Ebd. S. 46.

[51] Martin KESSLER, *„Nicht die Kinder bloß, speist man mit Märchen ab.". Lessings Verständnis von Toleranz im Dialog der Religionen*, in: Evangelisches Predigerseminar (Hgg.), „Ein jedes Volk wandelt in Gottes Namen ...". Begegnungen mit anderen Religionen. Vereinnahmung – Konflikt – Frieden, Wittenberg: Drei Kastanien Verlag 2008, S. 103.

[52] Vgl. FICK, *Lessing Handbuch*, S. 53; Vgl. RÜSEN, *„Die Erziehung des Menschengeschlechts"*, S. 68; Vgl. VOLLHARDT, *Gotthold Ephraim Lessing* (2016), S. 9.

[53] Ob dieser für Lessings Toleranzverständnis eine besondere Bedeutung beigemessen werden sollte kann unterschiedlich bewertet werden. Ich denke, dass es gute Gründe dafür gibt. BERGHAHN formuliert ebenfalls in dieser Richtung: „'Nathan der Weise' schließlich, Lessings letztes Stück, bündelt noch einmal die großen Themen seines Lebens und führt sie unter dem Leitmotiv der Toleranz zusammen." Cord-Friedrich BERGHAHN, *In Sprache denken. Gotthold Ephraim Lessing, Deutschlands Aufklärer par excellence*, in: Johannes Saltzwedel (Hg.), Die Aufklärung. Das Drama der Vernunft vom 18. Jahrhundert bis heute, München: Deutsche Verlags-Anstalt 2017, S. 172. Die Positionierung eines Protagonisten mit der Autorenmeinung gleichzusetzen ist grundsätzlich sehr problematisch. Jedoch

Toleranz sehr unterschiedlich gelesen: So beschreibt HÄRLE verschiedene Interpretationsmöglichkeiten, kommt letztlich jedoch zu dem Schluss, dass die in der Ringparabel vertretene Toleranz eine „Anerkennung aus Gleichgültigkeit im Blick auf die Wahrheitsansprüche der Religionen“[54] darstelle. Demgegenüber formuliert VON LÜPKE: „Die Tugend der Toleranz gründet in der Erfahrung von Gnade und wird von Lessing in diesem Sinn als ‚Himmelstochter‘ verstanden.“[55] Die Toleranz auf der Erfahrung von Gnade beruhend zu sehen scheint mir aus einer lutherisch-reformatorischen Perspektive schlüssig – jedoch überzeugt mich diese These nicht im Hinblick auf Lessing. Auf die Schwierigkeiten einer theologischen Einordnung Lessings habe ich im vorherigen Kapitel bereits hingewiesen. Eine Gefahr dabei ist es einzelne Aussagen Lessings systematisch überzustrapazieren. Dieser Gefahr bewusst verweise ich an dieser Stelle dennoch auf Lessings Aussage vom garstig breiten Graben, „über den ich nicht kommen kann, so oft und ernstlich ich den Sprung versucht habe.“ (gemeint ist der Sprung in den Glauben)[56]. Diese oft zitierte Stelle, an der Lessing – so sieht es die Theologiegeschichte des 19. und 20. Jahrhunderts – seine eigene existentielle Glaubensnot bildlich ausdrückt[57] macht für mich sehr anschaulich, dass eine Erfahrung der Gnade bei Lessing schwerlich vorausgesetzt werden kann.

Lessings Versuch (religiöse) Toleranz zu erzielen scheint mir darauf abzuzielen nicht die Differenzen in den Fokus zu nehmen, sondern den Blick auf die Gemeinsamkeit des Menschseins zu lenken – hier folge ich der Konzeption von SURALL, die er in seiner Dissertation darlegt[58]. Dies ist keine Wertschätzung

---

kann für diesen konkreten Fall auf eine Aussage Lessing verwiesen werden, der die Position des Nathan gegen alle positive Religion als die seinige bezeichnete. Vgl. Albrecht BEUTEL, *Kirchengeschichte im Zeitalter der Aufklärung. Ein Kompendium*, Göttingen: Vandenhoeck & Ruprecht 2009, S. 185.

[54] Wilfried HÄRLE, *Spurensuche nach Gott. Studien zur Fundamentaltheologie und Gotteslehre*, Berlin, New York: Walter De Gruyter 2008, S. 124.

[55] VON LÜPKE, *Lessings Toleranzverständnis im Kontext der Aufklärung*, S. 39.

[56] Gotthold Ephraim LESSING, *Über den Beweis des Geistes und der Kraft*, in: WUB VIII, Frankfurt a. M.: Deutscher Klassiker Verlag 1989, S. 443.

[57] Arno SCHILSON, *Kommentar*, in: ders. (Hg.), WUB VIII, Frankfurt a. M.: Deutscher Klassiker Verlag 1989, S. 995.

[58] Vgl. SURALL, *Toleranz in neuer Perspektive*, S. 70–72. Zur Bedeutung des humanen Liebesgebotes siehe auch SCHILSON. Vgl. SCHILSON, *Lessings Christentum*, S. 83. Und auch RÜSEN formuliert: „Das

der Differenzen. Wird dem Wettstreit zum Guten dabei, wie er in der Ringparabel formuliert wird, eine besondere Bedeutung in Lessings Denken beigemessen, so kann dies als ein weiteres Argument für das weiter oben formulierte besondere Interesse Lessings an der Theologie aufgrund der Verbindung des Religiösen mit der Ethik angesehen werden.

Die Gemeinsamkeit des Menschseins taucht wiederholt in Lessings Schriften auf: In seiner Abhandlung über die Juden[59], seinen Rettungen[60], seiner *Hamburgischen Dramaturgie*[61], seinem Werk *Ernst und Falk. Gespräche für Freimäurer*[62] und seinem Dramatischen Gedicht *Nathan der Weise*[63].

Den Blick auf Gemeinsamkeiten zu lenken ist in einer Gesellschaft, die Vorurteile gegen Juden institutionell fördert[64], kühn und couragiert. Doch auch ein solches Toleranzverständnis weist Probleme auf. SURALL selbst benennt drei problematische Punkte[65]. Den Kernpunkt der Kritik an einem solchen Verständnis formuliert meiner Ansicht nach jedoch RÜSEN:

Entscheidende in der kulturellen Orientierung der menschlichen Lebenspraxis ist das Allgemeine, das, was die Menschen unterschiedlichen Glaubens teilen. Er betont das, was sie gemeinsam haben, und nicht das, was sie trennt.“ RÜSEN, *„Die Erziehung des Menschengeschlechts“*, S. 68.

[59] Darin formuliert Lessing, dass das vorherrschende gesellschaftliche Vorurteil „die Juden nicht bloß zu rohen Menschen macht, sondern sie in der Tat weit unter die Menschheit setzt.“. Gotthold Ephraim LESSING, *Über das Lustspiel die Juden, im vierten Teile der Lessingschen Schriften*, WUB I, Frankfurt a. M.: Deutscher Klassiker Verlag 1989, S. 491. Auf dieser Grundlage ist das genus proximum des Menschseins nicht gegeben.

[60] So formuliert MULTHAMMER: „Auffällig im Falle Lessing jedoch ist, dass alle seine Rettungen personenzentriert sind. Der Mensch bleibt der Meinung vorgeordnet und bildet somit das unausgesprochene Zentrum, auf das sich Aufklärung zu richten hat.“ Michael MULTHAMMER, *Lessings <Rettungen>. Geschichte und Genese eines Denkstils*, Berlin, Boston: De Gruyter 2013 (Frühe Neuzeit 183), S. 351.

[61] Vgl. Gotthold Ephraim LESSING, *Hamburgische Dramaturgie. Erster Band*, WUB VI, Frankfurt a. M.: Deutscher Klassiker Verlag 1985, S. 251.

[62] Vgl. LESSING, *Ernst und Falk. Gespräche über Freimäurer*, S. 28–31. Siehe auch S. 40. (Dort würde ich die Stelle „jeden würdigen Mann“ auch als Ausdruck der Gemeinsamkeit der Humanität lesen – auch wenn kritisch anzumerken ist, dass Frauen hier keine Erwähnung finden (wobei der Rahmen der Freimaurerlogen bedacht werden sollte)).

[63] LESSING, *Nathan der Weise*, S. 533.

[64] Vgl. Hugh Barr NISBET, *Lessing. Eine Biographie*, München: Beck 2008 (Historische Bibliothek der Gerda Henkel Stiftung), S. 96.

[65] „Zum einen können die abweichenden Inhalte allein deshalb geduldet werden, weil sie als unwesentlich angesehen werden. [...] Zum anderen ist das Verfahren, mit dem das genus proximum bestimmt wird, problematisch. Lessings Vertrauen auf die Existenz ewiger Vernunftwahrheiten, die für alle Menschen gleichermaßen gelten, ist aus heutiger Sicht nicht mehr nachvollziehbar. [...] Schließlich

„Das Lessingsche Toleranzgebot enthält aber ein ungelöstes Problem: Mit ihm lassen sich die Identitätsprobleme nicht lösen, in der sich Identität als Unterschied verfaßt [sic.], und eine solche Verfassung ist unabdingbar. Selbstsein ist ohne Differenz zum Anderen, ohne Setzen des Anderen als Bedingung fürs Eigene nicht denkbar. Lessing wollte die religiöse Identität in eine humane transformieren, aber im Menschsein des Menschen verschwinden die religiösen Differenzen, und ihre identitätsbildende Kraft wird unsichtbar."[66]

Abschließend in diesem Kapitel formuliere ich in einem Satz, wie ich Toleranz bei Lessing verstehe: Obwohl der Begriff *Toleranz* von Lessing kaum verwendet wird scheint mir die Idee der Toleranz für ihn sehr zentral zu sein in einer Form, die nicht auf die Unterschiede schaut, sondern auf der Basis einer Gemeinsamkeit – und hier ist die ultimative Gemeinsamkeit das Menschsein – nach Verständigung strebt.

ist selbst dann, wenn man zu Merkmalen gelangt, welche einzelne positive Religionen übergreifen, nicht gewährleistet, dass man diese Merkmale bei der jeweils anderen Religion tatsächlich uneingeschränkt wiederentdeckt." SURALL, *Toleranz in neuer Perspektive*, S. 71f.

[66] RÜSEN, *„Die Erziehung des Menschengeschlechts"*, S. 72.

3. Theologische Konzepte in ausgewählten philosophisch-theologischen Texten

3.1. Gedanken über die Herrnhuter

„Der Mensch ward zum Tun und nicht zum Vernünfteln erschaffen. Aber eben deswegen, weil er nicht dazu erschaffen ward, hängt er diesem mehr als jenem nach"[67].

Im Folgenden wende ich mich den Quelltexten zu und gehe dabei zunächst auf Lessings erste „seiner erhaltenen theologischen Schriften"[68] ein. Während die ältere Forschungsliteratur das Jahr 1750 als wahrscheinliches Entstehungsjahr nennt[69], kommt NISBET aufgrund eines Vergleichs mit Rousseaus *Discours sur les sciences et les arts* zum Entstehungsjahr 1751[70].

Bevor ich mich direkt dem Quelltext zuwende ein paar Informationen zu den Herrnhutern – angefangen mit der Bezeichnung: Der Name geht zurück auf eine Handwerkerkolonie mit dem Namen Herrnhut[71]. Die Begriffsvielfalt umfasst neben der Bezeichnung Herrnhuter Brüdergemeinde auch die Bezeichnungen (Erneuerte) Brüderunität (Unitas Fratrum) oder Brüdergemeinde[72]. „Die erneuerte Brüderunität ist ein Kind der Erneuerungsbewegung des kirchlichen Pietismus

---

[67] Gotthold Ephraim LESSING, *Gedanken über die Herrnhuter*, in: WUB I, Frankfurt a. M.: Deutscher Klassiker Verlag 1989, S. 936.

[68] NISBET, *Lessing*, S. 174.

[69] So beispielsweise noch im Kommentar zu den *Gedanken über die Herrnhuter*. Vgl. Jürgen STENZEL, *Kommentar*, in: ders. (Hg.), WUB I, Frankfurt a. M.: Deutscher Klassiker Verlag 1989, S. 1416.

[70] Vgl. NISBET, *Lessing*, S. 176–179. Allerdings erschließt sich mir nicht, warum Lessings *Gedanken über die Herrnhuter* erst 1751 entstanden sein soll, auch wenn er dafür Rousseaus Schrift gekannt haben muss. Schließlich findet sich in Einführungswerken zu Rousseau meist das Jahr 1750 als Entstehungsjahr – einmal gar 1749. Vgl. Günther MENSCHING, *Rousseau zur Einführung*, Hamburg: Junius 2000, S. 152; Vgl. Dieter STURMA, *Jean-Jacques Rousseau*, Bremen: C. H. Beck 2001, S. 195; Vgl. Béatrice DURAND, *Rousseau*, Stuttgart: Philipp Reclam jun. 2007, S. 12.

[71] Vgl. Dietrich MEYER, Art. *„Brüderunität/Brüdergemeinde"*, in: Gerhard Krause, Gerhard Müller (Hgg.), TRE VII, Berlin, New York: Walter de Gruyter 1981, S. 226.

[72] Vgl. Ebd. S. 225.

[…], hat aber zugleich Gedankengut der Inspirierten und Spiritualisten sowie der katholischen Jesusmystik aufgenommen“[73].

„Bei mancher Kritik an der luth. Landeskirche im einzelnen [sic.] dachte Zinzendorf[74] jedoch nie an eine Trennung von der Kirche […]. Faktisch aber war in Herrnhut etwas neues entstanden, nämlich eine aus verschiedenen kirchl. Traditionen kommende überkonfessionelle und durch eine feste Dienst- und Gottesdienstordnung gegliederte ‚Gemeine‘. Die täglich zu bewährende Schwestern- und Bruderschaft, die Verwurzelung dieser Gemeinschaft im Tod Christi, das Abendmahl als Gemeinschaftsmahl und liturgischer Höhepunkt, die missionarische Sendung und die ökum. Verpflichtung zur Gemeinschaft mit allen Kindern Gottes machen den Kern dieser ‚Gemeinidee‘ aus, in der Zinzendorf den wirksamsten Beweis gegen den Atheismus seiner Zeit erblickte.“[75]

Nun direkt zu Lessing: Aufgebaut ist sein Herrnhuter Fragment als ein Vergleich zwischen der Geschichte der Weltweisheit und der Geschichte der Religion. Lessing sieht dabei keine Fortschrittsgeschichte, sondern ist eher einer Art Kulturpessimismus zuzurechnen[76] – auch wenn er „Rousseaus Kulturpessimismus niemals im ganzen Umfang teilen konnte: dafür schätzte er nicht nur die Künste, sondern schon die Vernunft selbst zu hoch ein“[77]. Sein Anliegen ist mithilfe des Vergleichs folgendes aufzuzeigen: „es gieng [sic.] der Religion wie der Weltweisheit.“[78]

Das Einführungszitat in dieses Kapitel „Der Mensch ward zum Tun und nicht zum Vernünfteln erschaffen. Aber eben deswegen, weil er nicht dazu erschaffen ward, hängt er diesem mehr als jenem nach“[79] bezeichnet NISBET als grundlegende These dieser Schrift[80]. Dieser Aussage stimme ich zu. Was den

[73] Ebd.
[74] Nikolaus Ludwig von Zinzendorf (oder Zinsendorf) gründete und leitete die Herrnhuter Brüdergemeinde in ihrer Anfangszeit. Vgl. Stefan GREIF, *Literatur der Aufklärung*, Paderborn: Wilhelm Fink 2013, S. 42.
[75] Dietrich MEYER, Art. *„II. Erneuerte Brüder-Unität 1. Geschichte“*, in: Hans Dieter Betz, Don S. Browning, Bernd Janowski, Eberhard Jüngel (Hgg.), RGG, Bd. 1, Tübingen: Mohr Siebeck [4]1998, Sp. 1792.
[76] Was überraschen mag, da er normalerweise die Leibnizsche Philosophie bewundert, wohingegen er in diesem Text die Philosophiegeschichte insgesamt sehr düster zeichnet. Vgl. NISBET, *Lessing*, S. 176.
[77] Ebd. S. 179.
[78] LESSING, *Gedanken über die Herrnhuter*, S. 938.
[79] Ebd. S. 936.
[80] Vgl. NISBET, *Lessing*, S. 175.

Entwurf eines theologischen Konzeptes in dieser Schrift angeht lautet entsprechend meine These: Lessing vertritt eine *Theologie der Tat*!

Dabei ist jedoch zu beachten, dass es ihm auch hier nicht um eine strenge Systematik geht, so formuliert er:

> „Die Ordnung, der ich folgen werde, ist die liebe Ordnung der Faulen. Man schreibt wie man denkt: was man an dem gehörigen Ort ausgelassen hat, holet man bei Gelegenheit nach: was man aus Versehen zweimal sagt, das bittet man den Leser das andremal [sic.] zu übergehen."[81]

Wiederholt finden sich Aussagen zur Tat bzw. Praxis, die meine Kernthese belegen sollen:

> „Ich wollte nu [sic.] wünschen, daß [sic.] ich meinen Leser Schritt vor Schritt durch alle Jahrhunderte führen und ihm zeigen könnte, wie das ausübende Christentum von Tag zu Tag abgenommen hat"[82].

> „Was hilf es, recht zu glauben, wenn man unrecht lebt?"[83]

> „jetzo [sic.], sage ich, ist durch diese verkehrte Art, das Christentum zu lehren, ein wahrer Christ weit seltner [sic.], als in den dunklen Zeiten geworden. Der Erkenntnis nach sind wir Engel, und dem Leben nach Teufel.
>
> Ich will es dem Leser überlassen, mehr Gleichheiten zwischen den Schicksalen der Religion und der Weltweisheit aufzusuchen. Er wird durchgängig finden, daß [sic.] die Menschen in der einen wie der andern nur immer haben vernünfteln, niemals handeln wollen."[84]

„Was hilf es, recht zu glauben, wenn man unrecht lebt?"[85] zeigt für mich sehr deutlich, dass die Praxis der Theologie für Lessing wichtiger ist, als ihre Theorie. Entsprechend ist eine Theologie, die theoretische Fragestellungen ins Zentrum rückt, für ihn von Grund auf verfehlt.

> „So lange die Kirche Krieg hatte, so lange war sie bedacht, durch ein unsträfliches und wunderbares Leben, ihrer Religion diejenige Schärfe zu geben, der wenig Feinde zu widerstehen fähig sind. So bald sie Friede bekam, so bald fiel sie darauf, ihre Religion auszuschmücken, ihre Lehrsätze in eine gewisse Ordnung zu bringen, und die göttliche Wahrheit mit menschlichen Beweisen zu unterstützen."[86]

---

[81] LESSING, *Gedanken über die Herrnhuter*, S. 936.
[82] Ebd. S. 940.
[83] Ebd. S. 941.
[84] Ebd. S. 942.
[85] Ebd. S. 941.
[86] Ebd. S. 940.

Ich vermute, dass Lessings „anti-intellektuelle Position“[87] in dieser Schrift, die im Vergleich zu seinen anderen Texten ungewöhnlich erscheint, darin gründet, dass er diesen Gegensatz verdeutlichen will. Entsprechend lese ich das folgende Zitat der Gegenüberstellung von Kopf und Herz als Metapher für Intellekt vs. Gefühl bzw. Leidenschaft, wobei letzteres den Ursprung der Tat bildet[88]:

„Auf dem kleinsten Raum können sie durch wenige mit Zeichen verbundene Zahlen Geheimnisse klar machen, wozu Aristoteles unerträgliche Bände gebraucht hätte. So füllen sie den Kopf, und das Herz bleibt leer. Den Geist führen sie bis in die entferntesten Himmel, unterdessen da das Gemüt durch seine Leidenschaften bis unter das Vieh herunter gesetzt wird.“[89]

Doch trotz dieser peripheren Bedeutung theoretischer Fragestellungen finden sich auch dazu einzelne Passagen in Lessings Fragment: Auch wenn folgende Aussage im Abschnitt der Weltweisheit steht und nicht der Religion, scheint eine ähnliche Perspektive wohl auch auf Lessings Glaubenssicht anwendbar – so beispielsweise bei JUNG[90].

„Törichte sterbliche, was über euch ist, ist nicht für Euch! Kehret den Blick in euch selbst!“[91]

Außerdem findet sich neben dem Kernzitat dieser Schrift noch an einer weiteren Stelle ein Verweis auf die Schöpfung, die ich als Für-Wahr-Halten eines Schöpfergottes lese. So beschreibt Lessing seinen Weltweisen als jemanden, der

„die Schönheiten und Wunder der Natur nicht weiter [kenne], als in soferne [sic.] sie die sichersten Beweise von ihrem großen Schöpfer sind.“[92].

---

[87] NISBET, *Lessing*, S. 176.
[88] So verstehe ich auch Lessings berühmte Aussage: „Der mitleidigste Mensch ist der beste Mensch, zu allen gesellschaftlichen Tugenden, zu allen Arten der Großmut der aufgelegteste.“ Gotthold Ephraim LESSING, *Briefwechsel über das Trauerspiel*, in: WUB III, Frankfurt a. M.: Deutscher Klassiker Verlag 2003, S. 671.
[89] LESSING, *Gedanken über die Herrnhuter*, S. 938.
[90] „Das Fundament muß [sic.] nur anders gelegt werden, der Grund zum Glauben vielmehr im Inneren des einzelnen gesucht werden.“ JUNG, *Lessing*, S. 125.
[91] LESSING, *Gedanken über die Herrnhuter*, S. 937.
[92] Ebd. S. 943.

BEUTEL sieht die „Gedanken über die Herrnhuter" insgesamt der Gattung der Rettungen verpflichtet[93]. Entsprechend lese ich das folgende Zitat über die Herrnhuter:

„Ich glaube, das, was so ein Mann, wie ich ihn geschildert habe, für die Weltweisen sein würde, das sind anjetzo [sic.] die Herrnhuter für die Gottesgelehrten."[94]

3.2. Gegensätze des Herausgebers zu Reimarus

„[D]ie Vernunft giebt [sic.] sich gefangen, ihre Ergebung ist nichts, als das Bekenntnis ihrer Grenzen, sobald sie von der Wirklichkeit der Offenbarung versichert ist."[95]

Nachdem ich gerade meine These der Theologie der Tat starkgemacht habe, gehe ich im Folgenden der These nach, dass die *Gegensätze des Herausgebers* zu Reimarus eine *Theologie der Transzendenz* vertreten! In dieser Schrift[96] thematisiert Lessing zwei Punkte auf die ich eingehen werde und die zueinander in Verbindung stehen: Zuerst führt er seine Gedanken zur Offenbarung aus, anschließend zu Wundern.

Zunächst zur Offenbarung: Lessing weist daraufhin, dass ein Unterschied besteht „Zwischen Offenbarung und den Büchern der Offenbarung"[97]. So führt er in der Schrift *Über den Beweis des Geistes und der Kraft* aus, dass es einen Unterschied macht, ob jemand einem Wunder – das etwas offenbaren soll – selbst beiwohnt, oder ob das Wunder nur (historisch) überliefert ist[98]. Doch auch für jene, die ein Wunder erleben, gilt, dass sie den Sprung zum Glauben erst wagen

---

[93] BEUTEL, *Spurensicherung*, S. 154f.
[94] Ebd. S. 944.
[95] Gotthold Ephraim LESSING, *Gegensätze des Herausgebers*, in: WUB VIII, Frankfurt a. M.: Deutscher Klassiker Verlag 1989, S. 318.
[96] Diese Schrift ist Teil des sogenannten *Fragmentenstreits*. Lessing veröffentlichte als Bibliothekar von Wolfenbüttel die *Fragmente eines Ungenannten*. Die *Gegensätze des Herausgebers* sind eine Kommentierung durch Lessing, in der er Stellung zu einigen Aussagen des Ungenannten bezieht. Zum *Fragmentenstreit* siehe: FICK, *Lessing Handbuch*, S. 408–441 (für die *Gegensätze* insbesondere S. 427 – 430.).
[97] LESSING, *Gegensätze des Herausgebers*, S. 322.
[98] LESSING, *Über den Beweis des Geistes und der Kraft*, S. 443.

müssen[99] – wenn auch mit anderen Ausgangsbedingungen. Lessing thematisiert in seiner Schrift das Verhältnis von Vernunft und Offenbarung:

„Wie gesagt: eine gewisse Gefangennehmung der Vernunft unter den Gehorsam des Glaubens beruhet bloß auf dem wesentlichen Begriffe einer Offenbarung. Oder vielmehr [...] die Vernunft giebt [sic.] sich gefangen, ihre Ergebung ist nichts, als das Bekenntnis ihrer Grenzen, sobald sie von der Wirklichkeit der Offenbarung versichert ist.“[100]

Von einer Offenbarung zu sprechen bedeutet also der Vernunft Grenzen zu setzen oder mit RICOEUR: „von Offenbarung zu sprechen heißt, diese Ereignisse als gegenüber dem normalen Gang der Geschichte transzendent zu qualifizieren.“[101] Für Lessing sind Vernunft und Offenbarung nicht kongruent, aber auch nicht unvereinbar.

„Die geoffenbarte Religion setzt im geringsten nicht eine vernünftige Religion voraus: sondern schließt sie in sich.“[102]

Vielmehr sieht er sie unterschiedlichen Kategorien zugehörig:

„Wenigstens ist es gewiß [sic.], daß [sic.] der Übergang von bloßen Vernunftwahrheiten zu geoffenbarten, äußerst mißlich [sic.] ist, wenn man sich durch die eben so scharfen als faßlichen [sic.] Beweise der erstern [sic.] verwöhnt hat. Man erwartet und fordert sodann bei den Beweisen der andern ebendieselbe Schärfe und Faßlichkeit [sic.], was nicht eben so erwiesen ist, für gar nicht erwiesen. [...] [D]ie Beweise für die Offenbarung [...] gründen sich [...] auf Zeugnisse und Erfahrungssätze.“[103]

Wenn Offenbarung nun auf Zeugnissen gründet, dann hängt der Glaube an der Glaubwürdigkeit der Zeugenschaft (ist zunächst ein: Ich glaube dir.) und dazu formuliert Lessing in seinem *Nathan der Weise*:

„Nun wessen Treu und Glauben zieht man denn / Am wenigsten in Zweifel? Doch der Seinen? / Doch deren Blut wir sind? Doch deren, die / von Kindheit an uns Proben ihrer Liebe / Gegeben? Die uns nie getäuscht, als wo / Getäuscht zu werden uns heilsamer war? – / Wie kann ich meinen Vätern weniger, / Als du den deinen glauben? Oder umgekehrt. – / Kann ich von

---

[99] Vgl. Søren KIERKEGAARD, *Philosophische Schriften*, Frankfurt a. M.: Zweitausendeins 2007, S. 742f.
[100] LESSING, *Gegensätze des Herausgebers*, S. 318.
[101] RICOEUR, *An den Grenzen der Hermeneutik*, S. 46.
[102] LESSING, *Gegensätze des Herausgebers*, S. 319.
So formuliert SCHILSON in seinem Kommentar: „Lessing [...] sieht die Vernunft(-Religion) in der Offenbarungs(-Religion) eingeschlossen, so daß [sic.] die positiven (Offenbarungs-)Religionen der wahren Vernunft-Religion den Weg weisen.“ SCHILSON, *Kommentar*, S. 948. Dies weist in die gleiche Richtung wie Lessings Text *Die Erziehung des Menschengeschlechts*.
[103] LESSING, *Gegensätze des Herausgebers*, S. 319f.

dir verlangen, daß [sic.] du deine / Vorfahren Lügen strafst, um meinen nicht / zu widersprechen? Oder umgekehrt? / Das nemliche [sic.] gilt von den Christen. Nicht?"[104]

Dieses Nebeneinander von Offenbarungen behandelt Lessing auch in seinen *Gegensätzen* und nimmt eine innovative Position ein:

„Der Beweis, daß [sic.] eine Offenbarung, die alle Menschen auf eine gegründete Art glauben könnten, unmöglich sei, sei mit aller Strenge geführt. Und er ist es wirklich.

Führt er aber seine Beantwortung nicht gleich mit sich? Wenn eine solche Offenbarung unmöglich ist, – nun freilich: so hat sie auch Gott nicht möglich machen können. Allein, wenn nun gleichwohl eine Offenbarung nützlich und nötig ist: sollte Gott dem ohngeachtet [sic.] lieber gar keine erteilen, weil er keine solche erteilen konnte? Sollte Gott dem ganzen menschlichen Geschlechte diese Wohltat vorenthalten, weil er nicht alle Menschen zu gleicher Zeit, in gleichem Grade daran Teil nehmen lassen konnte? Wer hat das Herz, hierauf mit Ja zu antworten?"[105]

Neben dieser Auseinandersetzung mit Offenbarungen widmet sich Lessing in seinen *Gegensätzen* auch Wundern und expliziert seine Gedanken am Beispiel des Durchzugs durch das Rote Meer[106]. Folgende Aussage Lessings sehe ich hier als Kernaussage, die einen ähnlichen Weg aufzeigt, wie bei der Verhältnisbestimmung zwischen Vernunft und Offenbarung:

„man muß [sic.] ein Wunder, weil sich keine natürlichen Kräfte angeben lassen, deren sich Gott dazu bedienet, nicht platterdings verwerfen. Die Auftrocknung [sic.] des Meerbusens geschahe [sic.] durch Ebbe und Wind, gut: und war doch ein Wunder."[107]

Für mich liegt der theologische Fokus dieser Schrift darauf, dass der Vernunft durch die Offenbarung Grenzen gezogen werden. Werden diese Grenzen ernst genommen, dann übersteigen geoffenbarte Ereignisse die normale Wahrnehmung. Dennoch werden sie von Lessing nicht verworfen, sondern einer anderen – übersteigerten (lat. transcendere) – Kategorie zugehörig gesehen. SCHILSON formuliert:

„Frühe wie späte Denkversuche [...] zeigen, daß [sic.] er die philosophische Herausforderung dieser christlichen Glaubenslehre zumindest annimmt und diese Offenbarungswahrheit als Vernunftwahrheit nach-zudenken versucht, indem er in Gott eine andere Art der Einheit als die

---

[104] LESSING, *Nathan der Weise*, S. 557f.
[105] LESSING, *Gegensätze des Herausgebers*, S. 320f.
[106] Vgl. Ebd. S. 325–328.
[107] Ebd. S. 327.

der Dinge, nämlich ‚eine transzendentale Einheit ..., welche eine Art von Mehrheit nicht ausschließt‘ [...], anzunehmen bereit ist.“[108]

3.3. Über den Beweis des Geistes und der Kraft

„Das, das ist der garstige breite Graben, über den ich nicht kommen kann, so oft und ernstlich ich auch den Sprung versucht habe. Kann mir jemand hinüber helfen, der tu es; ich bitte ihn, ich beschwöre ihn. Er verdienet ein Gotteslohn an mir.“[109]

Im letzten Kapitel bin ich bereits auf die Wunderthematik eingegangen, mit der Lessing sich erneut in der Schrift *Über den Beweis des Geistes und der Kraft* auseinandersetzt[110]. Hingewiesen habe ich bereits auf Lessings Unterscheidung zwischen historisch überlieferten und selbst erlebten Wundern.

„Ein andres sind Wunder, die ich mit meinen Augen sehe, und selbst zu prüfen Gelegenheit habe: ein andres sind Wunder, von denen ich nur historisch weiß, daß [sic.] sie andre wollen gesehen und geprüft haben.“[111]

Lessing leugnet nicht die historische Wahrheit der Wundererzählungen[112] – jedoch macht er auf den Unterschied der Kategorien zwischen historischen Wahrheiten und Vernunftwahrheiten aufmerksam.

„Das ist: zufällige Geschichtswahrheiten können der Beweis von notwendigen Vernunftwahrheiten nie werden.“[113]

„Aber nun mit jener historischen Wahrheit in eine ganz andre Klasse von Wahrheiten herüber springen, und von mir verlangen, daß [sic.] ich alle meine metaphysischen und moralischen Begriffe darnach umbilden soll; mir zumuten, weil ich der Auferstehung Christi kein glaubwürdiges Zeugnis entgegen setzen kann, alle meine Grundideen von dem Wesen der Gottheit darnach abzuändern: wenn das nicht eine μετάβασις εἰς ἄλλο γένος[114] ist; so weiß ich nicht, was Aristoteles sonst unter dieser Benennung verstanden.“[115]

---

[108] SCHILSON, *Lessings Christentum*, S. 85.
[109] LESSING, *Über den Beweis des Geistes und der Kraft*, S. 443f.
[110] Auch diese Schrift ist im Kontext des *Fragmentenstreits* entstanden und stellt eine Antwort Lessings auf eine Schrift von Johann Daniel Schumann dar. Eine kurze Übersicht über die Schrift bietet FICK, *Lessing Handbuch*, S. 410f.
[111] Ebd. S. 439.
[112] Vgl. Ebd. S. 441.
[113] Ebd.
[114] [metabasis eis allo genos] Ein Übergang in eine andere Gattung.
[115] LESSING, *Über den Beweis des Geistes und der Kraft*, S. 443.

Auch die Inspiriertheit der Geschichtsschreiber ist für ihn nur historisch gewiss[116]. Jedoch bedeutet Glaube für ihn mehr als „das simple Für-Wahr-Halten dessen, was in der Bibel berichtet wird. [...] Für ihn sind alle geschichtlichen Ereignisse nichtssagend, wenn ihnen der Geist des Menschen nicht eine Bedeutung verleiht. Diese Bedeutung ist (für ihn) unabhängig von der Faktizität des Ereignisses. [...] Überzeugung beruht für ihn allein auf Gründen der Sinngebung."[117]

„Das, das ist der garstig breite Graben, über den ich nicht kommen kann, so oft und ernstlich ich auch den Sprung versucht habe. Kann mir jemand hinüber helfen, der tu es; ich bitte ihn, ich beschwöre ihn. Er verdienet ein Gotteslohn an mir."[118]

Diese Aussage kann als Ausdruck seiner existentiellen Glaubensnot gelesen werden[119]. Interessant ist jedoch, dass der Text nicht an dieser Stelle aufhört. Vielmehr benennt Lessing danach das, was für mich seine persönliche Lösung dieser Glaubensnot darstellt: Lessing gelingt es nicht, diesen Graben zu überqueren – aber er legt einen anderen Fokus. Nicht der Glaube ist das wichtigste Kriterium (wie *sola fide* suggeriert), sondern die Taten, die die Menschen tun bzw. die Ethik[120].

„Die Menge aber auf etwas aufmerksam machen, heißt, den gesunden Menschenverstand auf die Spur helfen.

Auf die kam er; auf der ist er: und was er auf dieser Spur rechts und links aufjaget, das, das sind die Früchte jener Wunder und erfüllten Weissagungen. [...]

Was kümmert es mich, ob die Sage falsch oder wahr ist: die Früchte sind trefflich."[121]

Daher lautet meine These für diese Schrift (erneut), *dass Lessing eine Theologie der Tat vertritt*!

---

[116] Ebd.
[117] FICK, *Lessing Handbuch*, S. 411.
[118] Ebd. S. 443f.
[119] Vgl. SCHILSON, *Kommentar*, S. 995.
[120] „Damit deutet Lessing angesichts der Widerlegung der der Schumannschen Argumentation den Weg einer konsequent das Widrige eliminierenden und den Glauben auf Ethik minimalisierenden Theologie an, die keine geschichtliche Fundierung braucht." KRÖGER, *Das Publikum als Richter*, S. 44.
[121] LESSING, *Über den Beweis des Geistes und der Kraft*, S. 444.

3.4. Die Erziehung des Menschengeschlechts

„Was die Erziehung bei dem einzelnen Menschen ist, ist die Offenbarung bei dem ganzen Menschengeschlechte.“[122]

Meine Hauptthese für diese Schrift dürfte mittlerweile vertraut sein: *Lessing vertritt eine Theologie der Tat!* Den zentralen Gedanken seiner Schrift stellt Lessing an den Anfang seines Textes, in den §1:

„Was die Erziehung bei dem einzelnen Menschen ist, ist die Offenbarung bei dem ganzen Menschengeschlechte.“[123] Und ergänzend in §4:

„Erziehung giebt [sic.] dem Menschen nichts, was er nicht auch aus sich selbst haben könnte: sie giebt [sic.] ihm das, was er aus sich selber haben könnte, nur geschwinder und leichter. Also giebt [sic.] auch die Offenbarung dem Menschengeschlechte nichts, worauf die menschliche Vernunft, sich selbst überlassen, nicht auch kommen würde: sondern sie gab und giebt [sic.] ihm die wichtigsten dieser Dinge nur früher.“[124]

Den zentralen Tat-Charakter entnehme ich aus der teleologischen Ausrichtung seines Ansatzes:

„Oder soll das menschliche Geschlecht auf diese höchste Stufen der Aufklärung und Reinigkeit [sic.] nie kommen? Nie? §. 82. Nie? – Laß [sic.] mich diese Lästerung nicht denken, Allgütiger! – Die Erziehung hat ihr Ziel; bei dem Geschlechte nicht weniger als bei dem Einzeln. Was erzogen wird, wird zu etwas erzogen.“[125]

Ergänzen möchte ich: Was erzogen wird, wird zu etwas erzogen: Zu bestimmten Taten! Erfrischend ist Lessings formulierte Zuversicht:

„Nein; sie wird kommen, sie wird gewiß [sic.] kommen, die Zeit der Vollendung, da der Mensch, je überzeugter sein Verstand einer immer bessern Zukunft sich fühlet, von dieser Zukunft gleichwohl Bewegungsgründe zu seinen Handlungen zu erborgen, nicht nötig haben wird; da er das Gute tun wird, weil es das Gute ist, nicht weil willkürliche Belohnungen darauf

---

[122] Gotthold Ephraim LESSING, *Die Erziehung des Menschengeschlechts*, in: WUB X, Frankfurt a. M.: Deutscher Klassiker Verlag 2001, S. 75 (§1).

[123] Ebd. (§1).

[124] Ebd. (§4). RÜSEN hat darauf hingewiesen, dass Lessings Aussagen in §4 und in § 77 eine Widersprüchlichkeit aufweisen. Während Lessing zunächst behauptet, dass die Offenbarung dem Menschen nichts gibt, was er nicht aus sich heraus haben könnte, schreibt er in §77, dass wir Menschen durch die Religion zu „bessere[n] Begriffe[n] vom göttlichen Wesen, von unsrer Natur, von unseren Verhältnissen zu Gott, geleitet werden können, auf welche die Vernunft von selbst nimmermehr gekommen wäre“. LESSING, *Die Erziehung des Menschengeschlechts*, S. 95 (§77). Vgl. RÜSEN, *„Die Erziehung des Menschengeschlechts“*, S. 89. Hinweisen möchte ich jedoch darauf, dass Lessing einmal von Offenbarung schreibt und einmal von Religion. Eine weitere Perspektive besteht darin, dass die Offenbarung uns schneller zu ethisch korrekten Handlungen bewegen kann, zu der der Mensch auch aus sich heraus gelangen könnte – wohingegen Gedanken über Gott erst durch seine Selbstoffenbarung möglich sind.

[125] Ebd. S. 96. (§81f).

gesetzt sind, die seinen flatterhaften Blick ehedem bloß heften und stärken sollten, die innern [sic.] bessern Belohnungen desselben zu erkennen. §. 86. Sie wird gewiß [sic.] kommen, die Zeit eines neuen Evangeliums, die uns selbst in den Elementarbüchern des Neuen Bundes versprochen wird."[126]

In den Worten RÜSENS: „[E]s geht in der absoluten sittlichen Tat, von der nach Lessing das ‚neue ewige Evangelium' seiner Aufklärung handelt, um das Verhältnis von Menschen zueinander."[127]

Bevor ich nun kurz auf weitere theologische Positionen in dieser Schrift eingehen werde, stelle ich dem wenige Informationen über diesen Text voran. Er wurde erstmals vollständig 1780 anonym publiziert[128] – ist also wie die *Gegensätze* und *Über den Beweis des Geistes und der Kraft* Lessings Spätwerk zuzurechnen. SCHILSON sieht in ihm die größte Systematik innerhalb seiner theologischen Schriften[129]. Dennoch, so formuliert WIECKENBERG explizit, ist es „kaum statthaft, die Erziehung des Menschengeschlechts umstandslos zur Erläuterung von theologischen Aussagen im Fragmentenstreit heranzuziehen und am Ende doch wieder so etwas wie eine Einheit von Theologie und Religion zu konstruieren."[130] Zumal erhebliche Unterschiede in Bezug auf die Zuordnung von Offenbarungswahrheit und Vernunftwahrheit bestehen (zwischen den Texten *Beweis des Geistes und der Kraft* und *Die Erziehung des Menschengeschlechts*). Während diese in ersterem als Gegensatz dargestellt werden, werden sie in letzterem einander harmonisch zugeordnet[131] – was SCHILSON mit einer anders gearteten Perspektive und Problemstellung begründet[132].

---

[126] Ebd. (§ 85f).
[127] RÜSEN, *„Die Erziehung des Menschengeschlechts"*, S. 83.
[128] Vgl. FICK, *Lessing Handbuch*, S. 468. Für weitere Informationen zu dieser Schrift siehe: Ebd. S. 468–487.
[129] Vgl. SCHILSON, *Lessing and Theology*, S. 177.
[130] WIECKENBERG, *Theologiekritik*, S. 277.
[131] Vgl. SCHILSON, *Kommentar*, S. 998.
[132] „[H]ier [*Beweis des Geistes und der* Kraft] die Frage nach der hinlänglichen Begründung christlicher Offenbarungswahrheit, dort die religionsphilosophische Frage nach dem vernünftigen Gehalt von Offenbarung überhaupt". Ebd. S. 998.
Entsprechend der Perspektive von BEUTEL, dass Lessings Texte Antworten auf konkrete Fragestellungen sind und kein über alle Schriften erkennbares System zum Ausdruck bringen. Vgl. BEUTEL, *Spurensicherung*, S. 149, 163.

Nun zu weiteren theologischen Positionen Lessings innerhalb der Schrift *Die Erziehung des Menschengeschlechts*: Gegen den Deismus scheint Lessing die Position zu vertreten, dass ein Schöpfergott nicht nur am Anfang die Welt schuf und sie danach sich selbst überließ, sondern weiter eingreift.

„wenn es Gott nicht gefallen hätte, ihr durch einen neuen Stoß eine bessere Richtung zu geben.“[133]

Außerdem scheint er die These zu vertreten, dass Offenbarung und Vernunft sich dialektisch gegenseitig beeinflussen.

„Die Offenbarung hatte seine Vernunft geleitet, und nun erhellte die Vernunft auf einmal seine Offenbarung.“[134]

Damit zusammen hängt die These, dass die Offenbarung, wie die Erziehung eines einzelnen Menschen, angepasst sein muss an die aktuelle Situation und Auffassungsgabe (des Menschengeschlechts).

„Der Teil des Menschengeschlechts, den Gott in Einen Erziehungsplan hatte fassen wollen [...] war zu dem zweiten großen Schritte der Erziehung reif. §. 55. Das ist. Dieser Teil des Menschengeschlechts war in der Ausübung seiner Vernunft so weit gekommen, daß [sic.] er zu seinen moralischen Handlungen edlere, würdigere Bewegungsgründe bedurfte und brauchen konnte, als zeitliche Belohnung und Strafen waren, die ihn bisher geleitet hatten.“[135]

In einer langfristigen Perspektive darf die Offenbarung der Vernunft also zumindest nicht widersprechen – hier formuliert Lessing eine Verständnisweise der Fundamentaltheologie.

„die Ausbildung geoffenbarter Wahrheiten in Vernunftswahrheiten [sic.] ist schlechterdings notwendig, wenn dem menschlichen Geschlechte damit geholfen sein soll.“[136]

Dabei macht Lessing jedoch noch einmal auf den Unterschied zwischen Theorie und Praxis aufmerksam und unterstreicht die Bedeutung der Tat bzw. Praxis.

„Der erste praktische Lehrer. – Denn ein anders ist die Unsterblichkeit der Seele, als eine philosophische Speculation [sic.], vermuten, wünschen, glauben: ein anders, seine innern [sic.] und äußern Handlungen darnach einrichten.“[137]

---

[133] LESSING, *Die Erziehung des Menschengeschlechts*, S. 76 (§7).
[134] Ebd. S. 84 (§36).
[135] Ebd. S. 89 (§ 54f).
[136] Ebd. S. 94 (§76).
[137] Ebd. S. 90 (§60).

In den Paragraphen 73, 74 und 75 widmet er sich konkreten theologischen Überlegungen: Den Lehren von der Dreieinigkeit, der Erbsünde und der Genugtuung des Sohnes[138]. Hier möchte ich kurz auf die transzendentale Perspektive verweisen.

„die Lehre von der Dreieinigkeit. – Wie, wenn diese Lehre den menschlichen Verstand [...] nur endlich auf den Weg bringen sollte, zu erkennen, daß [sic.] Gott in dem Verstande, in welchem endliche Dinge eins sind, unmöglich eins sein könne; daß [sic.] auch seine Einheit eine transcendentale [sic.] Einheit sein müsse, welche eine Art von Mehrheit nicht ausschließt?“[139]

Abschließend benenne ich noch den Wiedergeburt-Gedanken in seiner Schrift.

„Aber warum könnte jeder einzelne Mensch auch nicht mehr als einmal auf dieser Welt vorhanden gewesen sein? [...] Warum sollte ich nicht so oft wiederkommen, als ich neue Kenntnisse, neue Fertigkeiten zu erlangen geschickt bin?“[140]

---

[138] Vgl. Ebd. S. 93f (§73, §74, §75).
[139] Ebd. S. 93 (§73).
[140] Ebd. S. 98f (§94, §98).

4. Theologische Konzepte in Lessings Dramatischen Gedicht *Nathan der Weise*

„Die Hinweise auf die versteckte (wenn nicht sogar offenkundige) theologische Qualität des Nathan sind keineswegs selten."[141]

„Vielmehr betreibt Lessing mit seinem Nathan eine überaus komplexe Ideendramatik im Zeichen von Humanität und Toleranz."[142]

Nachdem ich nun theologische Konzepte in verschiedenen philosophisch-theologischen Schriften Lessings vorgestellt habe, gehe ich diesen im Folgenden in seinem Dramatischen Gedicht *Nathan der Weise* nach.

Eines der Konzepte bezeichne ich als *Schwärmerische Theologie*. Darunter verstehe ich ein Verständnis, das ein Gegenüber zu einer Theologie der Tat darstellt: Eine Schwärmerische Theologie hat eine Vorstellung davon, wie die Welt sein sollte – aber sie entzieht sich selbst ernsthaft daran zu arbeiten, dass es dazu kommt – sie tut entweder gar nichts, oder tut es zu ungeduldig bzw. ungehalten (zu viel).

„Denn Gott lohnt Gutes, hier / Getan, auch hier noch. – Geh! – Begreifst du aber, / Wie viel andächtig schwärmen leichter, als / Gut handeln ist? Wie gern der schlaffste Mensch / Andächtig schwärmt, um nur, - ist er zu Zeiten / Sich schon der Absicht deutlich nicht bewußt [sic.] - / Um nur gut handeln nicht zu dürfen?"[143]

„Ich bin ein junger Laffe, / Der immer nur an beiden Enden schwärmt; / Bald viel zu viel, bald viel zu wenig tut - / Auch das kann sein!"[144]

„Der Schwärmer tut oft sehr richtige Blicke in die Zukunft: aber er kann diese Zukunft nur nicht erwarten. Er wünscht diese Zukunft beschleuniget; und wünscht, daß [sic.] sie durch ihn beschleuniget werde. Wozu sich die Natur Jahrtausende Zeit nimmt, soll in dem Augenblicke seines Daseins reifen."[145]

---

[141] SCHILSON, *Über Religion und Theater*, S. 8.
[142] STOCKHORST, *Einführung*, S. 114.
[143] LESSING, *Nathan der Weise*, S. 497.
[144] Ebd. *Weise*, S. 610.
[145] LESSING, *Die Erziehung des Menschengeschlechts*, S. 97 (§90).
Zur Schwärmerischen Theologie siehe auch LESSING, *Nathan der Weise*, S. 489, 541 und 617.

Ein weiteres Konzept bezeichne ich als *Fundamentalistische Theologie*. Sie zeichnet sich dadurch aus, dass sie kompromisslos an (in dem Fall religiösen) Grundsätzen festhält.

„TEMPELHERR Ich wär‘ dem Saladin mein Leben schuldig: / Und raubt ihm seines? / KLOSTERBRUDER Pfui! –Doch bliebe, – meint / der Patriarch, – noch immer Saladin / Ein Feind der Christenheit, der Euer Freund / Zu sein, kein Recht erwerben könne.“[146]

„Das wird denn auch nicht fehlen, wenn nur fein / Die junge Tapferkeit dem reifen Rate / Des Alters folgen will! – Womit wär‘ sonst / Dem Herrn zu dienen? TEMPELHERR Mit dem nemlichen [sic.], / Woran es meiner Jugend fehlt: mit Rat. / PATRIARCH Recht gern! – Nur ist der Rat auch anzunehmen. / TEMPELHERR Doch blindlings nicht? / PATRIARCH Wer sagt denn das? – Ei freilich / Muß [sic.] niemand die Vernunft, die Gott ihm gab, / Zu brauchen unterlassen, - wo sie hin / Gehört. – Gehört sie aber überall / Denn hin? – O nein!“[147]

„Und wieviel mehr dem Juden, / Der mit Gewalt ein armes Christenkind / Dem Bunde seiner Tauf‘ entreißt! Denn ist / Nicht alles, was man Kindern tut, Gewalt? – / Zu sagen: – ausgenommen, was die Kirch‘ / An Kindern tut.“[148]

„Tut nichts! Der Jude wird verbrannt. – Denn besser, / Es wäre hier im Elend umgekommen, / Als daß [sic.] zu seinem ewigen Verderben / Es so gerettet ward. – Zu dem, was hat / Der Jude Gott denn vorzugreifen? Gott / Kann, wen er retten will, schon ohn‘ ihn retten. / TEMPELHERR Auch Tretz ihm, sollt‘ ich meinen, - selig machen. / PATRIARCH Tut nichts! Der Jude wird verbrannt. / TEMPELHERR Das geht / Mir nah‘! Besonders, da man sagt, er habe / Das Mädchen nicht sowohl in seinem, als / Vielmehr in keinem Glauben auferzogen, / Und sie von Gott nicht mehr nicht weniger / Gelehrt, als der Vernunft Genügt. / PATRIARCH Tut nichts! / Der Jude wird verbrannt … Ja wär‘ allein / Schon dieser wegen wert, dreimal verbrannt / Zu werden!“[149]

Neben theologischen Konzepten kommt auch eine auf Äußerlichkeiten achtende Religionsausübung vor – oder anders ausgedrückt: Der Schein muss stimmen.

„Du kennst die Christen nicht, willst sie nicht kennen. / Ihr stolz ist: Christen sein; nicht Menschen. Denn / Selbst das, was, noch von ihrem Stifter her, / Mit Menschlichkeit den Aberglauben wirzt, / Das lieben sie, nicht weil es menschlich ist: / Weils Christus lehrt; weils Christus hat getan. - / Wohl ihnen, daß [sic.] er ein so guter Mensch / Noch war! Wohl ihnen, daß [sic.] sie seine Tugend / Auf Treu und Glaube nehmen können! – Doch / Was Tugend? – Seine Tugend nicht; sein Name / Soll überall verbreitet werden; soll / Die Namen aller Menschen schänden; / Verschlingen. Um den Namen, um den Namen / Ist ihnen nur zu tun.“[150]

Auch ein stolzes, sich aufdrängendes Religionsverständnis ist im *Nathan* vertreten.

---

[146] Ebd. S. 510.
[147] Ebd. S. 576.
[148] Ebd. S. 578.
[149] Ebd. S. 578f.
[150] Ebd. S. 517.

„Doch kennt Ihr auch das Volk, / Das diese Menschenmäkelei zu erst / Getrieben? Wißt [sic.] Ihr, Nathan, welches Volk / Zu erst das auserwählte Volk sich nannte? / Wie? Wenn ich dieses Volk nun, zwar nicht haßte [sic.], / Doch wegen seines Stolzes zu verachten, / Mich nicht entbrechen könnte? Seines Stolzes; / Den es auf Christ und Muselmann vererbte, / Nur sein Gott sei der rechte Gott! – Ihr stutzt, / Daß [sic.] ich, ein Christ, ein Tempelherr, so rede? / Wenn hat, und wo die fromme Raserei, / Den bessern Gott zu haben, diesen bessern, / Der ganzen Welt als besten aufzudringen, / In ihrer schwärzesten Gestalt sich mehr / Gezeigt, als hier, als itzt [sic.]? Wem hier, wem itzt [sic.]/ Die Schuppen nicht vom Auge fallen – Doch / Sei blind, wer will! – Vergeßt [sic.], was ich gesagt; / Und laßt [sic.] mich!“[151]

„Ach! Die arme Frau, - ich sag‘ dirs ja - / Ist eine Christin; - muß [sic.] aus Liebe quälen; - / Ist eine von den Schwärmerinnen, die / Den allgemeinen, einzig wahren Weg / nach Gott, zu wissen wähnen! [...] Und sich gedrungen fühlen, einen jeden, / Der dieses Wegs verfehlt, darauf zu lenken. - / Kaum können sie auch anders. Denn ists wahr, / Daß [sic.] dieser Weg allein nur richtig führt: / Wie sollen sie gelassen ihre Freunde / Auf einem andern wandeln sehn, - der ins / Verderben stürzt, ins ewige Verderben?“[152]

Abschließend komme ich nun zu vertrauteren theologischen Konzepten aus Lessings philosophisch-theologischen Schriften: So finde ich im *Nathan* eine *Theologie und Religionsausübung der Tat*,

„Doch so viel tröstender / War mir die Lehre, daß [sic.] Ergebenheit / In Gott von unserm Wähnen über Gott / So ganz und gar nicht abhängt.“[153]

„Es eifre jeder seiner unbestochnen [sic.] / Von Vorurteilen freien Liebe nach! / Es strebe von euch jeder um die Wette, / Die Kraft des Steins in seinem Ring‘ an den Tag / Zu legen! komme dieser Kraft mit Sanftmut, / Mit herzlicher Verträglichkeit, mit Wohltun, / Mit innigster Ergebenheit in Gott, / Zu Hülf‘ [sic.]! Und wenn sich dann der Steine Kräfte / Bei euern Kindes-Kindeskindern äußern: / So lad‘ ich über tausend tausend Jahre / Sie wiederum vor diesen Stuhl. Da wird / Ein weisrer [sic.] Mann auf diesem Stuhle sitzen, / Als ich; und sprechen. Geht! – So sagte der / Bescheidne [sic.] Richter.“[154]

„Wie? / So weißt du nicht, wieviel von deiner Gnade / Für ihn, durch ihn auf mich geflossen? [...] SALADIN Wie aus einer guten Tat, / Gebar sie auch schon bloße Leidenschaft, / Doch so viel andre gute Taten fließen!“[155]

„Nathan! Nathan! / Ihr seid ein Christ! – Bei Gott, Ihr seid ein Christ! / Ein beßrer [sic.] Christ war nie! NATHAN Wohl uns! Denn was / Mich Euch zum Christen macht, das macht Euch mir / Zum Juden! – Aber laßt uns länger nicht / Einander nur erweichen. Hier brauchts Tat!“[156]

[151] Ebd. S. 532.
[152] Ebd. S. 617.
[153] Ebd. S. 543.
[154] Ebd. S. 559f. HOFMANN macht darauf aufmerksam, dass *innigste Ergebenheit in Gott* die wörtliche Bedeutung des Wortes Islam ist. Vgl. HOFMANN, *Die Religion des späten Lessing*, S. 111. Anschaulich stellt VOLLHARDT diese Ergebenheit für die Tat dar: VOLLHARDT, *Toleranzdebatten der Frühen Neuzeit*, S. 414.
[155] Ebd. S. 561.
[156] Ebd. S. 597.

„Und warum zuerst / Von dieser Kleinigkeit? – Ich sehe dort / Ein Aug' in Tränen, das zu trocknen, mir / Weit angelegener ist. *Geht auf Recha zu:* Du hast geweint? / Was fehlt dir? – bist doch meine Tochter noch?"[157]

der Toleranz

„Ich weiß, wie gute Menschen denken; weiß, / Daß [sic.] alle Länder gute Menschen tragen. TEMPELHERR Mit Unterschied, doch hoffentlich? NATHAN An Farb' [sic.], am Kleidung, an Gestalt verschieden. TEMPELHERR Auch hier bald mehr, bald weniger, als dort. NATHAN Mit diesem Unterschied ists nicht weit her. / Der große Mann braucht überall viel Boden; / Und mehrere, zu nah gepflanzt, zerschlagen / Sich nur die Äste. Mittelgut, wie wir, / Findt [sic.] sich hingegen überall in Menge. / Nur muß [sic.] der eine nicht den andern mäckeln [sic.]. / Nur muß [sic.] der Knorr den Knuppen hübsch vertragen. / Nur muß [sic.] ein Gipfelchen sich nicht vermessen, / Daß [sic.] es allein der Erde nicht entschossen."[158]

und *der Vernunft.*

„Ihr traft mich mit dem Kinde zu Darun. / Ihr wißt [sic.] wohl aber nicht, daß [sic.] wenige Tage / Zuvor, in Gath die Christen alle Juden / Mit Weib und Kind ermordet hatten; wißt [sic.] / Wohl nicht, daß [sic.] unter diesen meine Frau / Mit sieben hoffnungsvollen Söhnen sich / Befunden, die in meines Bruders Hause, / Zu dem ich sie geflüchtet, insgesamt / Verbrennen müssen. KLOSTERBRUDER Allgerechter! NATHAN Als / Ihr kamt, hatt' [sic.] ich drei Tag' und Nächt' [sic.] in Asch' / Und Staub vor Gott gelegen, und geweint. - / Geweint? Beiher mit Gott auch wohl gerechtet, / Gezürnt, getobt, mich und die Welt verwünscht; / Der Christenheit den unversöhnlichsten / Haß [sic.] zugeschworen – KLOSTERBRUDER Ach! Ich glaubs [sic.] Euch wohl! NATHAN Doch nun kam die Vernunft allmählig wieder."[159]

Das die letztgenannten Punkte aus seinen anderen Schriften vertraut erscheinen liegt an der Übereinstimmung der Positionen zwischen Nathan und Lessing. „Deutlich wie kaum einmal hat sich Lessing im ersten Entwurf einer Vorrede zu der Weisheit seines Helden bekannt: ‚Nathans Gesinnung gegen alle positive Religion ist von jeher die meinige gewesen'."[160] Meine zentralen Thesen, dass Lessing eine Theologie der Tat und der Toleranz vertritt, finden sich gut formuliert auch bei STOCKHORST:

„Die religionsphilosophische Stoßrichtung von Nathans Erzählung zielt darauf, dass der Geltungsanspruch einer Religion nicht von der Wahrheit einer Offenbarung abhänge, sondern allein von ihrer Kraft, die Gläubigen zu ethischer Praxis zu motivieren [...] – alle anderen Aspekte der Religion seien demgegenüber bloß zufällige und deshalb unwichtige Äußerlichkeiten. [...] Demnach kommt es nicht auf die Feststellung einer einzigen Wahrheit

[157] Ebd. S. 621.
[158] Ebd. S. 532.
[159] Ebd. S. 597.
[160] BEUTEL, *Kirchengeschichte im Zeitalter der Aufklärung*, S. 185; BEUTEL, *Spurensicherung*, S. 151.

an, sondern auf den praktischen Umgang mit den konkurrierenden Deutungsansprüchen der Religionen, also um eine gelebte Toleranz, wie Nathan sie mustergültig vorführt. [...]

Genauso ausgezirkelt wirkt das Toleranzideal, das sich wie ein roter Faden durch Lessings Gesamtwerk zieht und in diesem Stück kulminiert [...]. Was die Quintessenz aller gängigen *Nathan*-Interpretationen ausmacht, hatte Lessing bereits knapp dreißig Jahre vor der Entstehung des Dramas in völlig anderem Zusammenhang auf den Punkt gebracht: ‚Nicht die Übereinstimmung in den Meinungen, sondern die Übereinstimmung in tugendhaften Handlungen ist es, welche die Welt ruhig und glücklich macht.'"[161]

Falls nun – entgegen der zurecht geäußerten Bedenken BEUTELS[162] – dennoch versucht wird, Grundgedanken Lessings, die über einzelne Texte hinausgehen, thesenartig zu benennen, so könnte das Ergebnis wie folgt lauten: *Der Wert einer Religionsgemeinschaft und der ihr zugrunde liegenden Theologie bemisst sich daran, wie sie mit der Gesamtheit der Menschen umgeht – und dabei insbesondere Anhängern anderer Religionsgemeinschaften! Die Idealvorstellung ist dabei geprägt von einem friedvollen, toleranten Nebeneinander, das den Blick auf die Gemeinsamkeit des Menschseins lenkt*[163]. Theoretische Überlegungen und praktische Ausführung sollte bei Lessing also nicht strikt getrennt betrachtet werden, da die Praxis für ihn im Zentrum steht. Es geht um die Früchte[164] bzw. die Wirkung und nicht darum in philosophisch-theologischen Streitigkeiten recht zu behalten[165]. Was die theoretischen Überlegungen seiner Theologie angeht, so

---

161 STOCKHORST, *Einführung*, S. 119 und 121.

162 Vgl. BEUTEL, *Spurensicherung*, S. 149, 163.

163 Diese These ist recht provokant formuliert und vielleicht bin ich hier ein Opfer der von FREUND geschilderten Problematik, dass letztlich die Vorstellungen der Interpreten herauskommen, wenn man die vermeintliche Reinschrift von Lessings Denken nicht dialektisch gegen sich selbst wendet. (Vgl. FREUND, *Theologie im Widerspruch*, S. 27f.) Die hier formulierte These versucht dennoch einen seinen Schriften innewohnenden Kern zu destillieren und versucht der wiederkehrenden Toleranzthematik und dem aufklärerischen, von der Ethik geprägten Gedankengut gerecht zu werden.

164 „Was kümmert es mich, ob die Sage falsch oder wahr ist: die Früchte sind trefflich." LESSING, *Über den Beweis des Geistes und der Kraft*, S. 444.

165 So formuliert Lessing – bezugnehmend auf folgenden Text von Matthias Claudius: „Ich sehe aber, nach Herrn Lessings elektrischen Funken, die Religion als eine Arzenei [sic.] an, und den Zweifler als den Doktor Peter, und den Widerleger als den Doktor Paul, die beiderseits die Arzenei [sic.] vor sich auf dem Tisch liegen haben und darüber streiten. *Der Chan* (...): Und wozu will er die beiden Doktors brauchen? *Asmus* [...]: Wenn ich nun krank und elend neben dem Tisch und den beiden Doktors stünde und gerne geholfen sein wollte, und der Doktor Paul behielte recht, so würde ich doch nicht gesund werden wenn ich die Arzenei [sic.] nicht einnähme; und nähme ich sie ein und sie wäre gut, so würde ich gesund werden und wenn auch der Doktor Peter recht behielte. Und also ist das Rechtbehalten nur für die Herren Auditores, das Einnehmen aber die eigentliche Sache, und ein einziger Patient, Sire, der gesund worden wäre, würde, auch für die Herren Auditores, mehr beweisen und schaffen, als hundert Siege der Pauls über die Peters. *Der Chan* [...]: Das ist wohl wahr; aber das Einnehmen ist so unangenehm und genant. *Asmus* [...]: Nun so bleibt man krank; aber das Gefühl der Gesundheit ist doch

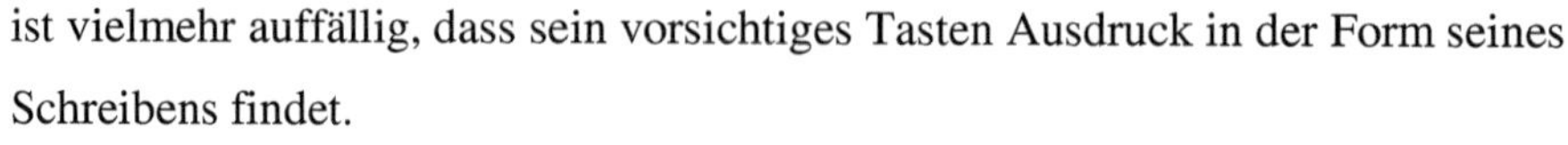

ist vielmehr auffällig, dass sein vorsichtiges Tasten Ausdruck in der Form seines Schreibens findet.

so herrlich, Sire! und eines Versuchs und, sonderlich für einen *Mann*, des bißchen [sic.] bittern Geschmacks wohl wert." Matthias CLAUDIUS, *Sämtliche Werke (hier: Nachricht von meiner Audienz beim Kaiser von Japan)*, München: Winkler [5]1984, S. 140. – „Da übrigens Hr. Asmus meine theologische Gesinnung so vortrefflich interpretiert hat: so wäre ich beinahe Willens, ihm auch mein F. M. Bekenntnis [Freimaurerbekenntnis] zukommen zu lassen." Gotthold Ephraim LESSING, *Briefe von und an Lessing*, in: WUB XII, Frankfurt a. M.: Deutscher Klassiker Verlag 1994, S. 145.

5. Schlussbetrachtungen

„Verehrtes Publikum, jetzt kein Verdruß [sic.]: / Wir wissen wohl, daß [sic.] ist kein rechter Schluß [sic.]. / Vorschwebte uns: die goldene Legende. / Unter der Hand nahm sie ein bitteres Ende. / Wir stehen selbst enttäuscht und sehn betroffen / Den Vorhang zu und alle Fragen offen.“[166]

Der Vorhang von Lessings Schriften – seine theologische und religionspraktische Theaterbühne – ist gefallen und seine theologische Option unkenntlich, wie FREUND feststellte[167]. Eine theologische Systematik ist nicht das primäre Ziel von Lessing – diese Meinung findet sich in der Forschungsliteratur und wird auch in dieser Arbeit vertreten. So ist ein Stehenbleiben beim Einstiegszitat in dieses Kapitel möglich und alle Fragen bleiben offen. …

Und doch vertrete ich die Meinung, dass Lessing – obwohl insgesamt nicht an einer Systematik interessiert und dies auch Ausdruck in der Form seines Schreibens findet – eine Grundtheologie vertritt, die sich durch seine Texte zieht. So möchte ich nicht stehen bleiben beim Gedanken, dass alle Fragen offenbleiben, sondern den Blick noch auf ein Lessing-Zitat lenken: *„Möcht auch doch / Die ganze Welt uns hören.“*[168] Die hier vom Protagonisten Nathan formulierte Gewissheit lenkt den Blick in meinen Augen auf den Kern des Lessing‘schen Theologie- und Religionsverständnisses, dass in meiner Verständnisweise nicht streng getrennt betrachtet werden sollte. Den Kern macht entsprechend der Wettstreit zum Guten aus, die Handlungspraxis bzw. die Tat – ganz im Sinne der Aufklärung! Auch wenn die Religion in der Ethik nicht gänzlich aufgeht, so stellt diese doch zunächst einmal den primären Bereich dar, an dem sie sich messen lassen muss. Dabei nimmt der Blick über die eigene Religionsgemeinschaft hinaus für Lessing wiederholt eine wichtige Perspektive ein: Folglich bemisst sich der Wert einer Religionsgemeinschaft insbesondere daran, wie sie mit Anhängern

---

[166] Berthold BRECHT, *Der gute Mensch von Sezuan*, Berlin: Suhrkamp Verlag 1964, S. 144.
[167] Vgl. FREUND, *Theologie im Widerspruch*, S. 23.
[168] LESSING, *Nathan der Weise*, S. 555.

anderer Glaubensgemeinschaften umgeht. Gedacht wird dieser Toleranzgedanke mit einem Blick auf die Gemeinsamkeit des Menschseins und nicht auf die Differenzen. Die Wichtigkeit der Tat und dabei insbesondere der Toleranz stellen meiner Ansicht nach also eine Art Destillat von Lessings Theologie und Religionsausübung dar. Darüber hinaus macht Lessing innerhalb seiner Theologie (im engeren Sinne) ein transzendenzbetontes Gottesbild stark – in Abgrenzung zur *Natürlichen Religion* bzw. *Vernunftreligion.* Der Vernunft werden bei Lessing durch Offenbarungen Grenzen gesetzt – die anerkannt werden als eine Kategorie anderer Beweiskraft, als jene der naturwissenschaftlichen Beweise. Was die hohe Bedeutung der Ethik und der Tat angeht, erweist Lessing sich ganz als Kind seiner Zeit bzw. als Aufklärer. Dennoch geht er immer wieder auch kritisch mit dem Zeitgeist um und geht folglich auch immer wieder eigene, davon unabhängig scheinende Wege. Was die theoretischen Überlegungen seiner Theologie angeht, so wirkt es, als ob Lessing sich vorsichtig-tastend fortbewegt. Diese Art des Denkens findet Ausdruck in der Form seines Schreibens – und dabei auch seines Schreibens philosophisch-theologischer Texte.

So formuliere ich abschließend in Bezug auf die zu Beginn der Arbeit formulierten Fragen, dass in der Forschungsliteratur im Grunde von einer Unmöglichkeit einer Herausarbeitung der Systematik von Lessings Theologie gesprochen wird. Dennoch finde ich Grundkonstanten seines Denkens in allen angesehenen Schriften, die ich als eine Art Destillat seiner Theologie bezeichnen würde und die die Praxis der Religionsausübung als moralisches Handeln (wie es auch für die Aufklärung bezeichnend ist), insbesondere die Toleranz, ins Zentrum rücken!

6. Quellen- und Literaturverzeichnis

6.1. Quellenverzeichnis

Die Quelltexte sind zitiert nach folgender Edition:

Gotthold Ephraim Lessing. Werke und Briefe in zwölf Bänden, Herausgegeben von Wilfried Barner, zusammen mit Klaus Bohnen, Gunther E. Grimm, Helmuth Kiesel, Arno Schilson, Jürgen Stenzel und Conrad Wiedemann, im Folgenden abgekürzt mit WUB.

LESSING, Gotthold Ephraim, *Über das Lustspiel die Juden, im vierten Teile der Lessingschen Schriften*, WUB I, Frankfurt a. M.: Deutscher Klassiker Verlag 1989, S. 489–497.

LESSING, Gotthold Ephraim, *Gedanken über die Herrnhuter*, in: WUB I, Frankfurt a. M.: Deutscher Klassiker Verlag 1989, S. 935–945.

LESSING, Gotthold Ephraim, *Briefwechsel über das Trauerspiel*, in: WUB III, Frankfurt a. M.: Deutscher Klassiker Verlag 2003, S. 662–736.

LESSING, Gotthold Ephraim, *Hamburgische Dramaturgie. Erster Band*, WUB VI, Frankfurt a. M.: Deutscher Klassiker Verlag 1985, S. 181–442.

LESSING, Gotthold Ephraim, *Über den Beweis des Geistes und der Kraft*, in: WUB VIII, Frankfurt a. M.: Deutscher Klassiker Verlag 1989, S. 437–445.

LESSING, Gotthold Ephraim, *Nathan der Weise*, in: WUB IX, Frankfurt a. M.: Deutscher Klassiker Verlag 1993, S. 483–627.

LESSING, Gotthold Ephraim, *Ernst und Falk. Gespräche über Freimäurer*, in: WUB X, Frankfurt a. M.: Deutscher Klassiker Verlag 2001, S. 11–66.

LESSING, Gotthold Ephraim, *Die Erziehung des Menschengeschlechts*, in: WUB X, Frankfurt a. M.: Deutscher Klassiker Verlag 2001, S. 73–99.

LESSING, Gotthold Ephraim, *Briefe von und an Lessing*, in: WUB XII, Frankfurt a. M.: Deutscher Klassiker Verlag 1994.

BRECHT, Berthold, *Der gute Mensch von Sezuan*, Berlin: Suhrkamp Verlag 1964.

CLAUDIUS, Matthias, *Sämtliche Werke (hier: Nachricht von meiner Audienz beim Kaiser von Japan)*, München: Winkler [5]1984.

HEINE, Heinrich, *Zur Geschichte der Religion und Philosophie in Deutschland*, Köln: e-artnow 2017.

KIERKEGAARD, Søren, *Philosophische Schriften*, Frankfurt a. M.: Zweitausendeins 2007.

6.2. Literaturverzeichnis

ALT, Peter-André, *Aufklärung. Lehrbuch Germanistik*, Stuttgart, Weimar: J. B. Metzler [3]2007.

BERGHAHN, Cord-Friedrich, *In Sprache denken. Gotthold Ephraim Lessing, Deutschlands Aufklärer par excellence*, in: Johannes Saltzwedel (Hg.), Die Aufklärung. Das Drama der Vernunft vom 18. Jahrhundert bis heute, München: Deutsche Verlagsanstalt 2017, S. 167–176.

BEUTEL, Albrecht, *Kirchengeschichte im Zeitalter der Aufklärung. Ein Kompendium*, Göttingen: Vandenhoeck & Ruprecht 2009.

BEUTEL, Albrecht, *Spurensicherung. Studien zur Identitätsgeschichte des Protestantismus*, Tübingen: Mohr Siebeck 2013.

BEUTIN, Heidi, *„Das Ding, was man Ketzer nennt, hat eine sehr gute Seite. Es ist ein Mensch, der mit seinen eigenen Augen wenigstens (hat) sehen wollen." – Lessing und der Neuprotestantismus, Teil 1*, in: Gerd Biegel, dies., Wolfgang Beutin und Angela Klein (Hgg.), „Liebhaber der Theologie". Gotthold Ephraim Lessing – Philosoph – Historiker der Religion, Frankfurt a. M.: Peter Lang 2012 (Braunschweiger Beiträge zur Kulturgeschichte, Bd. 3), S. 37–53.

BORNKAMM, Heinrich, Art. „*Toleranz II. In der Geschichte des Christentums*", in: Kurt Galling (Hg.), RGG, Bd. 6, Tübingen [3]1962, Sp. 933–946.

DURAND, Béatrice, *Rousseau*, Stuttgart: Philipp Reclam jun. 2007.

FICK, Monika, *Lessing Handbuch. Leben – Werk – Wirkung*, Stuttgart, Weimar: J. B. Metzler [3]2010.

FREUND, Gerhard, *Theologie im Widerspruch. Die Lessing-Goeze-Kontroverse*, Stuttgart, Berlin, Köln: Kohlhammer 1989.

FRITSCH, Matthias J., *Religiöse Toleranz im Zeitalter der Aufklärung. Naturrechtliche Begründung – konfessionelle Differenzen*, Hamburg: Meiner Verlag 2004 (Studien zum achtzehnten Jahrhundert, Bd. 28).

GREIF, Stefan, *Literatur der Aufklärung*, Paderborn: Wilhelm Fink 2013.

GUTHKE, Karl S., *Lessings Horizonte. Grenzen und Grenzenlosigkeit der Toleranz*, Göttingen: Wallstein Verlag 2003 (Kleine Schriften zur Aufklärung, Bd. 12).

HÄRLE, Wilfried, *Spurensuche nach Gott. Studien zur Fundamentaltheologie und Gotteslehre*, Berlin, New York: Walter De Gruyter 2008.

HAUSCHILD, Wolf-Dieter, *Lehrbuch der Kirchen- und Dogmengeschichte. Bd. 2 Reformation und Neuzeit*, Gütersloh: Chr. Kaiser/Gütersloher Verlagshaus 1999.

HOFMANN, Michael, ZELLE, Carsten, *Einleitung: Aufklärung und Religion – Neue Perspektiven*, in: dies. (Hgg.), Aufklärung und Religion. Neue Perspektiven, Hannover: Wehrhahn Verlag 2010 (Bochumer Quellen und Forschungen zum 18. Jahrhundert, Bd. 1), S. 7–14.

HOFMANN, Michael, *Die Religion des späten Lessing und die aktuelle Renaissance einer undogmatischen Religiosität*, in: ders. und Carsten Zelle (Hgg.), Aufklärung und Religion. Neue Perspektiven, Hannover: Wehrhahn Verlag 2010 (Bochumer Quellen und Forschungen zum 18. Jahrhundert, Bd. 1), S. 99–114.

JUNG, Werner, *Lessing. Zur Einführung*, Hamburg: Junius Verlag 2001.

KESSLER, Martin, *„Nicht die Kinder bloß, speist man mit Märchen ab.“. Lessings Verständnis von Toleranz im Dialog der Religionen*, in: Evangelisches Predigerseminar (Hgg.), „Ein jedes Volk wandelt in Gottes Namen …“. Begegnungen mit anderen Religionen. Vereinnahmung – Konflikt – Frieden, Wittenberg: Drei Kastanien Verlag 2008, S. 97–113.

KRÖGER, Wolfgang, *Das Publikum als Richter. Lessing und die ‚kleineren Respondenten‘ im Fragmentenstreit*, Nendeln: KTO Press 1979 (Wolfenbütteler Forschungen, Bd. 5).

KUBIK, Silke, *Religion für Aufgeklärte – Lessings Vorstellungen einer humanen Religion*, in: Toni Tholen, Burkhard Moenninghoff, Wiebke von Bernstorff (Hgg.), Literatur und Religion, Hildesheim: Universitätsverlag Hildesheim 2012 (Hildesheimer Universitätsschriften, Bd. 25), S. 25–46.

LIMBACH, Jutta, *Das Gebot der Toleranz*, in: Helwig Schmidt-Glintzer (Hg.), Aufklärung im 21. Jahrhundert, Wiesbaden: Harrossowitz Verlag 2004 (Wolfenbütteler Hefte, Heft 18), S. 93–106.

MENSCHING, Günther, *Rousseau zur Einführung*, Hamburg: Junius 2000.

MEYER, Dietrich, Art. *„Brüderunität/Brüdergemeinde"*, in: Gerhard Krause, Gerhard Müller (Hgg.), TRE VII, Berlin, New York: Walter de Gruyter 1981, S. 225–233.

MEYER, Dietrich, Art. *„II. Erneuerte Brüder-Unität 1. Geschichte"*, in: Hans Dieter Betz, Don S. Browning, Bernd Janowski, Eberhard Jüngel (Hgg.), RGG, Bd. 1, Tübingen: Mohr Siebeck ^{4}1998, Sp. 1792–1796.

MULTHAMMER, Michael, *Lessings <Rettungen>. Geschichte und Genese eines Denkstils*, Berlin, Boston: De Gruyter 2013 (Frühe Neuzeit 183).

NISBET, Hugh Barr, *Lessing. Eine Biographie*, München: Beck 2008 (Historische Bibliothek der Gerda Henkel Stiftung).

PISZCATOWSKI, Paweł, *Offenbarung, Vernunft und 'neues Evangelium' – Zur theologischen Problematik in Lessings Spätschriften*, in: Studia Niemcoznawczw 28 (2004), S. 711–724.

RENGSTORF, Karl Heinrich, *Lessings Ansatz in seiner theologischen Arbeit*, in: ders. und Karlfried Gründer (Hgg.), Religionskritik und Religiosität in der deutschen Aufklärung, Heidelberg: Lambert Schneider 1989, S. 101–111.

RICOEUR, Paul, *An den Grenzen der Hermeneutik. Philosophische Reflexionen über die Religion*, Herausgegeben, übersetzt und mit einem Nachwort versehen von Veronika Hoffmann, Freiburg, München: Verlag Karl Alber 2008.

RÜSEN, Jörn, *„Die Erziehung des Menschengeschlechts" – ein Rückblick in die Zukunft der Vergangenheit*, in: Helwig Schmidt-Glintzer (Hg.), Aufklärung im 21. Jahrhundert, Wiesbaden: Harrossowitz Verlag 2004 (Wolfenbütteler Hefte, Heft 18), S. 67–92.

SCHILSON, Arno, *Lessings Christentum*, Göttingen: Vandenhoeck & Ruprecht 1980 (Kleine Vandenhoeck-Reihe 1463).

SCHILSON, Arno, *Kommentar*, in: ders. (Hg.), WUB VIII, Frankfurt a. M.: Deutscher Klassiker Verlag 1989, S. 721–1168.

SCHILSON, Arno, *„... auf meiner alten Kanzel, dem Theater". Über Religion und Theater bei Gotthold Ephraim Lessing*, Göttingen: Wallenstein Verlag 1997 (Kleine Schriften zur Aufklärung Bd. 9).

SCHILSON, Arno, *Lessing and Theology*, in: Barbara Fischer und Thomas C. Fox (Hgg.), A Companion to the works of Gotthold Ephraim Lessing, Rochester und Suffolk: Camden House 2005, S. 157–184.

SCHULTZE, Harald, *Lessings Toleranzbegriff. Eine theologische Studie*, Göttingen: Vandenhoeck & Ruprecht 1969 (Forschungen zur systematischen und ökumenischen Theologie, Bd. 20).

STOCKHORST, Stefanie, *Einführung in das Werk Gotthold Ephraim Lessings*, Darmstadt: WBG 2011.

STURMA, Dieter, *Jean-Jacques Rousseau*, Bremen: C. H. Beck 2001.

SURALL, Frank, *Juden und Christen. Toleranz in neuer Perspektive. Der Denkweg Franz Rosenzweigs in seinen Bezügen zu Lessing, Harnack, Baeck und Rosenstock-Huessy*, Gütersloh: Chr. Kaiser 2003 (zugl. Diss.).

VOLLHARDT, Friedrich, *Gotthold Ephraim Lessing und die Toleranzdebatten der Frühen Neuzeit*, in: ders., Oliver Bach und Michael Multhammer (Hgg.),

Toleranzdiskurse in der Frühen Neuzeit, Berlin, Boston: De Gruyter 2015 (Studien und Dokumente zur Deutschen Literatur und Kultur im europäischen Kontext, Bd. 198).

VOLLHARDT, Friedrich, *Gotthold Ephraim Lessing*, München: C. H. Beck 2016.

VON LÜPKE, Johannes, *Tugend des Glaubens, der Hoffnung und der Liebe. Lessings Toleranzverständnis im Kontext der Aufklärung*, in: Andrea Bieler, Henning Wrogemann (Hgg.), Was heißt hier Toleranz? Interdisziplinäre Zugänge, Neukirchen-Vluyn 2014 (Veröffentlichungen der Kirchlichen Hochschule Wuppertal/Bethel, Bd. 15), S. 26–50.

WIECKENBERG, Ernst-Peter, *Wahrheit und Rhetorik. Lessings Theologiekritik im Fragmentstreit*, in: Christoph Bultmann und Friedrich Vollhardt (Hgg.), Gotthold Ephraim Lessings Religionsphilosophie im Kontext. Hamburger Fragmente und Wolfenbütteler Axiomata, Berlin, New York: De Gruyter 2011 (Frühe Neuzeit. Studien und Dokumente zur Deutschen Literatur und Kultur im europäischen Kontext, Bd. 159), S. 261–279.

Printed by Books on Demand GmbH, Norderstedt / Germany